EASY. ÜBERRASCHEND.
LOW CARB.

DAS GROSSE LCHF-KOCHBUCH

SPANNENDER MEHRWERT: DER NEUE MENGENRECHNER

Alle Einkaufslisten in diesem Buch können Sie, wenn Sie sich auf der Seite **www.mengenrechner.de** anmelden (kostenlos!), an die Personenzahl anpassen und für den Einkauf ausdrucken, als E-Mail auf Ihr Smartphone schicken oder auch einfach während des Einkaufs aufrufen. Zutaten lassen sich auch mühelos streichen oder ergänzen. Sie brauchen also keine Zutatenlisten mehr abzuschreiben oder zu fotografieren.

Aber damit nicht genug: Sie können die einzelnen Nährwerte (zum Beispiel Kohlenhydrate, Fette, Eiweißgehalt, Kalorien etc.) einsehen, Ihren tatsächlichen Energieverbrauch wissenschaftlich präzise berechnen und die Einkaufslisten daran vor Ihrem Einkauf anpassen, sogar für mehrere Personen. Auch nach passenden Rezepten können Sie suchen, wenn Sie noch Lebensmittel vorrätig haben. In absehbarer Zeit werden diese Funktionen für alle anderen Kochbücher des Becker Joest Volk Verlags verfügbar sein. Anschauen lohnt sich!

BETTINA MATTHAEI

EASY. ÜBERRASCHEND. LOW CARB.

DAS GROSSE LCHF-KOCHBUCH

FOTOS OLIVER BRACHAT

SELLERIE IN MANDELKRUSTE

ZWIEBELSTEAKS MIT TOPINAMBUR-„BRATKARTOFFELN“

SPARGELTARTE MIT MANDELBODEN

GESCHNETZELTES AUS SCHWEINEFILET MIT SEMMELKNÖDELN

PIKANTE BLUMENKOHL-KÄSE-WAFFELN

LACHS MIT HASELNUSSKRUSTE UND LAUCHGEMÜSE

LC-MÖHREN-MANDEL-BROT ODER BREADCAKE

SPICY TRINKSCHOKOLADE

BUTTERNUT-HALLOUMI-RÖSTI

GUT ZU WISSEN

LOW CARB UND LOW CARB HIGH FAT
Seite 6

REZEPTTEIL

Für alle, die ihr täglich Brot lieben
AUFSTRICHE UND BROTE
Seite 14

Mit ganz neuen Lieblingsbeilagen
FLEISCH
Seite 60

Leicht und gesund
FISCH
Seite 94

Raffiniertes ohne Tier
VEGETARISCH
Seite 118

Wenn wenig Zeit ist
SCHNELLE GERICHTE
Seite 148

Ohne Zucker und Zuckeraustauschstoffe
FRÜHSTÜCKSIDEEN UND DESSERTS
Seite 174

INTERESSANTES ZUM SCHLUSS

INDEX
Seite 186

BEILAGENREGISTER
Seite 191

LOW CARB UND LOW CARB HIGH FAT

Nachdem Low Fat die Menschen in den vergangenen Jahrzehnten immer dicker werden ließ, fanden Ärzte und Wissenschaftler schließlich heraus, dass nicht Fett der Feind ist, sondern die Kohlenhydrate, insbesondere in Form von Zucker und Stärke.
Von Paleo bis Atkins: Low Carb ist schon lange angesagt – und es existieren zahllose Low-Carb-Varianten je nach Verteilung der Nährstoffe. Von nahezu kohlenhydratfrei, doch mit reichlich Eiweiß, oder nur moderat kohlenhydratreduziert und ausgewogen bis zu der Form, um die es in diesem Buch geht, bei der das Fett im Fokus steht.

... und Low Carb High Fat Aus Skandinavien kommt die populäre Low-Carb-Variante „Low Carb High Fat", während man in den USA und England eher von „ketogenic" spricht.
Nach den langen Jahren der Low-Fat-Ernährung ist High Fat für viele Diätverzweifelte eine geschmackliche Offenbarung. Die Zeiten, in denen der angeblich ungesunde Speck vom Schinken weggeschnitten wurde und Butter durch wässriges Kunststreichfett ersetzt wurde, sind endlich passé. Jetzt darf man wieder genießen: Öle und Nüsse, Käse mit hohem Fettanteil, marmoriertes Fleisch, Lachs und Avocado, Sahne im Kaffee statt Magermilch oder Omeletts mit Bacon ...
Beim Studieren dieser Rezepte stellt man schnell fest, dass es meistens um die Kombination von Fleisch, Fisch, Eiern und reichlich gutem Fett mit Salaten und stärkearmen Gemüsesorten geht – das ist auch richtig so, denn damit kann man im Prinzip nichts falsch machen, aber ...

Was macht unser Buch so besonders? Nach einer Woche mit Smoothies, Spiegeleiern oder Omelett zum Frühstück sehnt man sich nach einer Scheibe Brot. Auch zur Steak-und-Salat-Kombination wünscht man sich das Stück Brot dazu. Oder zum Aufdippen einer leckeren Sauce. Aber noch größer ist irgendwann der Wunsch nach einem richtigen Abendbrot.
Hierin sahen wir die größte Herausforderung – mit unseren 15 Low-Carb-Broten und noch mehr köstlichen Aufstrichen sind Frühstück, Lunch, Pausenbrot und Abendbrot ab sofort LCHF-tauglich.
Auch die typischen Beilagen kommen nicht zu kurz. Wer sich nach Spätzle, Gnocchi, Klößchen oder Pizza sehnt, kommt mit diesem Buch voll auf seine Kosten. Für alle

diese eigentlich sehr kohlenhydratreichen Gerichte wurden spannende, innovative Rezepte entwickelt, die einen erstaunlich geringen Anteil an Kohlenhydraten haben, es geschmacklich aber locker mit den Originalen aufnehmen können, und die diese Diät so richtig lecker machen.

Nur so viel Theorie wie nötig Über Low Carb im Allgemeinen und Low Carb High Fat im Besonderen ist schon viel geschrieben worden. Wir möchten den Theorieteil bewusst kurz halten und zusätzlich auf ein paar Bücher zum Thema und spannende Websites verweisen (Seite 192). Wer es also ganz genau wissen möchte, der kann sich da informieren.

Wie viel Fett, Eiweiß und Kohlenhydrate dürfen es denn sein?

- Bei LCHF geht man von einer **moderaten Eiweißmenge** aus, täglich **1–1,5 g pro Kilogramm Körpergewicht** (Normalgewicht = cm über 1 m in kg).

- **Die Kohlenhydrate** sind extrem reduziert und sollten **pro Mahlzeit nicht mehr als 10 g betragen – maximal 15 g.** Diese werden vor allem aus kohlenhydratarmen Gemüsesorten und Salaten bestritten.

- **Die Fettmenge** in Gramm sollte nun bei jeder Mahlzeit **größer** sein **als die Summe von Eiweiß und Kohlenhydraten** in Gramm.

Die Skaldeman-Ratio Einer der Vorreiter der skandinavischen LCHF-Bewegung, Sten Sture Skaldeman, entwickelte daraus eine einfache Formel, auch als Skaldeman-Ratio (SR) bekannt:

Fett : (Eiweiß + Kohlenhydrate) = mehr als 1

Diese Formel sollte möglichst bei jeder Mahlzeit funktionieren und immer über 1 liegen, wobei 1,2 ein vollkommen ausreichender Wert ist. Wird der Wert nicht erreicht, beispielsweise bei einem eiweißreichen Fisch- oder Fleischgericht, kann man den Fettanteil durch Mandeln oder etwas Olivenöl erhöhen.

EIN PAAR BEISPIELE AUS UNSEREN REZEPTEN

// Mozzarella mit scharfem Speck
38 g F // 31,3 g E // 4,5 g KH = 1,06 SR
// Mandelgnocchi mit brauner Butter und Parmesan
47,5 g F // 34,6 g E // 2,9 g KH = 1,3 SR
// Gefüllte Ochsenherztomaten mit Käse-Nuss-Kruste
59,5 g F // 23,4 g E // 10 g KH = 1,8 SR
// Pilzpfanne mit Spätzle
45,7 g F // 33 g E // 6,2 g KH = 1,2 SR
// Avocado-Eier mit geschmolzenen Tomaten
39,9 g F // 16,5 g E // 4,4 g KH = 1,9 SR

Unsere meisten Rezepte entsprechen dem LCHF-Prinzip, ausgenommen einige Brotrezepte. Kombiniert man diese aber zum Beispiel mit Spiegeleiern, Butter, Käse oder unseren leckeren Aufstrichen, dann sind die Gesamtwerte wieder locker im grünen Bereich.

Ganz ohne Kalorien geht es nicht LCHF ist natürlich kein Freibrief, hemmungslos Käse, Speck oder Nüsse zu essen, man muss auch bei den anders verteilten Mengen an Kohlenhydraten, Eiweiß und Fett die Gesamtkalorien im Blick behalten. Hier ein Beispiel für eine 40-jährige Frau, 1,60 m groß und 65 kg schwer. Sie hat ein leichtes Übergewicht. Ihr Normalgewicht wäre 60 kg.

Entsprechend braucht sie täglich 60–90 g Eiweiß // 30–45 g Kohlenhydrate // 90–135 g Fett.

1 g Eiweiß und 1 g Kohlenhydrate liefern jeweils rund 4 kcal, 1 g Fett dagegen 9 kcal. Die oben genannten Nährwerte in Kilokalorien umgerechnet ergeben:

240–360 kcal aus Eiweiß // 120–180 kcal aus Kohlenhydraten // 810–1215 kcal aus Fett.

Daraus ergeben sich in diesem Beispiel **1170–1755 kcal pro Tag.** Ob sie davon ab- oder zunimmt, ist von vielen Faktoren abhängig. Dazu zählen Alter, Stoffwechsel, Gesundheitszustand und Bewegung.
Dazu gibt es unter www.bjvv.de einen Link zur genauen Berechnung von **Grundumsatz** (benötigte Energiemenge im Ruhezustand) und **Leistungsumsatz** (verbrauchte Energie je nach Aktivitäten) sowie deren Summe, dem **Gesamtumsatz.** Danach kann man seinen persönlichen Plan erstellen und die passenden Rezepte dazu aussuchen.
Man soll dabei keinesfalls weniger essen, als der Grundumsatz benötigt, um nicht in eine Hungersituation zu kommen, die den gefürchteten Jo-Jo-Effekt zur Folge hat. Um gesund abzunehmen, soll man natürlich weniger essen, als der ermittelte Gesamtumsatz vorgibt.

Unser Beispiel Die 40-jährige Frau (1,60 m groß und 65 kg schwer) arbeitet im Büro und macht täglich 30 Minuten Sport.

Grundumsatz:	1300 kcal pro Tag
Leistungsumsatz:	800 kcal pro Tag
Gesamtumsatz:	2100 kcal pro Tag

Um gesund abzunehmen, sollte ihre Kalorienaufnahme etwa 80 % ihres Gesamtumsatzes betragen, in diesem Beispiel circa 1700 kcal pro Tag.
Wenn sie 3 oder 4 kg abgenommen hat oder deutlich mehr Sport macht, sollte sie ihren Grundumsatz neu berechnen und ihre Ernährung entsprechend reduzieren oder erhöhen. In jedem Fall sollte vor einer geplanten Ernährungsumstellung der Hausarzt befragt werden.

Umstellen auf LCHF Wer sich zum ersten Mal nach LCHF ernährt, hat vielleicht den Eindruck, dass die Portionen kleiner als gewohnt sind. Das ist vermutlich richtig, denn Fett zeichnet sich durch Nährwertdichte, nicht aber durch Volumen aus. Gleichzeitig sorgt das Fett dafür, dass man besser und dabei lang anhaltender gesättigt bleibt.

Viele Rezepte enthalten pro Portion deutlich weniger als 10 g Kohlenhydrate. Lässt man den individuell errechneten Eiweißwert stabil, kann man entsprechend etwas mehr Fett zu sich nehmen, um auf seinen errechneten Kalorienbedarf zu kommen. Oft genügt eine kleine Handvoll Nüsse.
Jeder hat andere Gewohnheiten. Bei dem einen ist das Frühstück unverzichtbar, der andere mag erst mittags etwas essen. Teilen Sie sich Ihr errechnetes Kalorien- und Nährwertlimit so ein, wie es für Sie am besten passt. Je wohler Sie sich mit der Diät fühlen, desto erfolgreicher werden Sie sein.

Warum es funktioniert Die deutliche Reduktion der Kohlenhydrate senkt den Blutzuckerspiegel, man kommt aus den befürchteten Heißhungerattacken heraus, weil ohne nennenswerten Nachschub an Kohlenhydraten auch nicht ständig Insulin ausgeschüttet werden muss. Dazu sorgt das Fett für lang anhaltende Sättigung. Wenn man dann noch geschmacklich voll auf seine Kosten kommt, bleibt man auch gern dabei. Abnehmen und genießen – eine echte Win-win-Situation.

Lieber Low Carb statt Low Carb High Fat? Sie wollen doch lieber eine moderate Low-Carb-Ernährungsform? Kein Problem! Reduzieren Sie bei den besonders fettreichen Rezepten den Anteil an Öl oder Butter und erhöhen Sie gleichzeitig die Mengen an Gemüse.

Nährwerte Die Nährwerte haben wir so genau wie möglich ermittelt. Sie können auf einen Blick sehen, wie viel Gramm Fett, Eiweiß und Kohlenhydrate in einer Portion enthalten sind. Doch bei aller Genauigkeit kann es immer mal zu Abweichungen kommen, was an den teilweise unterschiedlichen Angaben auf den Produkten und in Nährwerttabellen liegt. Bei manchen Produkten werden Ballaststoffe mit circa 2 kcal pro Gramm eingerechnet, bei anderen nicht.
Bei unseren Rezepten wurden der Übersichtlichkeit wegen die Werte von Kalorien, Fett und Eiweiß auf ganze Gramm auf- oder abgerundet, die Werte für Kohlenhydrate wurden auf 0,5 Gramm gerundet.

Easy und überraschend Unsere Rezepte sind fast alle ganz leicht gemacht – echt easy eben. Auch Kochanfänger kommen gut damit zurecht.
Und für unterwegs und für Tage mit wenig Zeit haben wir viele Vorschläge, wie man seine Lunchbox packt, ohne das LCHF-Prinzip zu verlassen. Neben unseren leckeren Broten erfüllen unsere Low-Carb-Beilagen den Wunsch nach herzhaften Sattmachern, ohne dass man Mehl oder Kartoffeln dafür benötigt. Semmelknödel werden aus einem selbst gebackenen Low-Carb-Brot hergestellt und schmecken einfach so unwiderstehlich, ...
... dass man sie viel öfter genießen möchte. Deshalb gibt es zu jedem Rezept viele Tipps, wozu die jeweilige Beilage sonst noch passt und mit welchen anderen Rezepten man sie kombinieren kann. Damit enthält das Buch außer den eigentlichen Rezepten eine überraschende Vielfalt an Austauschtipps.

Süßes wird man bei uns nicht finden. Oder doch? Kuchen und Desserts wird man in diesem Buch nicht finden. Der süße Geschmack – auch wenn er aus Süßstoffen, Stevia oder Birkenzucker stammt – signalisiert dem Gehirn, dass jetzt etwas Süßes kommt, was schon die Ausschüttung von Insulin auslösen kann – fast so, als hätte man normalen Zucker gegessen, was bekanntlich zu Heißhungerattacken und unkontrolliertem Essen führen kann.
Aber in der kleinen Rezeptsammlung „Frühstücksideen und Desserts“ zeigen wir, wie man mit natursüßen Zutaten, die kaum Kohlenhydrate enthalten, dennoch den Wunsch nach etwas Süßem zufriedenstellen kann.

ALLES WICHTIGE AUF EINEN BLICK

// Alle Rezepte sind **Low Carb High Fat (LCHF).**
// Alle Rezepte sind **glutenfrei.**
// Alle Rezepte lassen sich mit dem **Mengenrechner des Verlags** für den **persönlichen Kalorienbedarf** und die **Personenzahl** anpassen.
// Alle **Einkaufslisten** kann man dort auch **anpassen** und sich aufs **Smartphone schicken** oder **ausdrucken.**

UNSERE BEILAGEN ZU FLEISCH UND FISCH

Sie haben ihren Ruf als Sättigungsbeilage längst hinter sich gelassen. Heute sind sie Teil des Ganzen, spannend gewürzt und oft fein abgestimmt auf den eigentlichen Hauptgang mit Fleisch oder Fisch. So gibt es auch bei uns zu nahezu jedem Hauptgericht eine köstliche Beilage, zum Beispiel:

// Pfeffriges Zitronenhuhn mit Thymian-Mandel-Polenta
// Entenbrust mit Petersilienwurzelpüree
// Zwiebelsteaks mit Topinambur-„Bratkartoffeln"
// Lachs mit Haselnusskruste und Lauchgemüse

Allein diese Kombinationen lassen sofort Appetit aufkommen. Aber die Polenta passt natürlich ebenso gut zu den mediterran gewürzten Frikadellen oder zum Schweinefilet in Pancetta.
Das Petersilienwurzelpüree ist so vielseitig einsetzbar, dass es zu fast allen Fleisch- und Fischgerichten passt, quasi als Variante des klassischen Kartoffelpürees.
Und die „Bratkartoffeln" aus Topinambur lieben es in vielen anderen deftigen Kombinationen, beispielsweise mit Schweinekotelett, Lamm und Eierspeisen.

Heute mal vegetarisch? Es gibt nicht nur ein eigenes Kapitel mit vielen leckeren vegetarischen Rezepten – Sie können darüber hinaus auch die Beilagen untereinander zu völlig neuen Gerichten kombinieren, zum Beispiel:

// Lauchgemüse auf Brokkoli-Avocado-Stampf
// Grüne „Polenta" mit Blattspinat und Safran-Sahne-Sauce
// Mandel-Parmesan-Klößchen mit Tomatengemüse „Pizzaiola"
// Grüne Pestobohnen mit Petersilienwurzelpüree
// Thymian-Mandel-„Polenta" mit Pfannenspargel
// Semmelknödel mit Sahnesauerkraut

Flexibel und übersichtlich Doch manchmal finden sich nicht die passenden Zutaten, ein bestimmtes Gemüse hat gerade nicht Saison oder man ist absolut kein Freund dieses Gemüses. Ein anderes Mal fehlt vielleicht schlicht die Zeit und man nimmt dann auf die Schnelle eine Scheibe vom selbst gebackenen Low-Carb-Brot als Beilage.
Unsere Rezepte sind so konzipiert, dass sowohl die Zutatenlisten als auch die Beschreibung der Zubereitungsschritte farblich voneinander getrennt sind. Und entsprechend sind die Nährwerte zum einen für das komplette Gericht und zum anderen auch separat berechnet. So kann man schnell feststellen, ob die gewünschte neue Kombination von den Nährwerten her in den persönlichen LCHF-Plan passt.
Wenn man seine absolute Lieblingsbeilage gefunden hat, kann man auch gleich die doppelte Menge zubereiten und sie am nächsten Tag mit einem anderen Fleisch oder Fisch kombinieren.
Oder ganz easy: Ein Spiegel- oder Rührei ist kompatibel mit den meisten Beilagen, es ist im Handumdrehen zubereitet und dabei garantiert Low Carb.

Ein Goodie zum Schluss Am Ende des Buches haben wir ein Beilagenregister aufgeführt. Hier können Sie sich auf die Schnelle orientieren und Ihr nächstes Essen noch leichter planen.

FÜR ALLE, DIE IHR TÄGLICH BROT LIEBEN

AUFSTRICHE UND BROTE

BROTBACKEN IST EINE KUNST.

LOW-CARB-BROTE ZU BACKEN EIN ABENTEUER.

Die Mehle, die für Low Carb infrage kommen, haben vollkommen andere Backeigenschaften als herkömmliche Mehle. Ihnen fehlt Gluten, das Klebereiweiß, das in Verbindung mit Wasser dafür sorgt, dass der Teig elastisch und formbar ist, dass er beim Backen aufgeht und auch als fertiges Brot oder Gebäck seine Form behält. Das können Low-Carb-Mehle leider nicht.
Es gibt im Netz zwar viele Rezepte für Low-Carb-Brote, die isoliertes Gluten verwenden, worauf ich in meinen Rezepten jedoch konsequent verzichte. So sind meine Brote nicht nur Low Carb, sondern ausnahmslos glutenfrei.
Dafür verwende ich andere Zutaten, die bindende Eigenschaften haben, wie Leinsamen, Chiasamen oder Eier. Und Backpulver, das in Verbindung mit etwas Säure für mehr Lockerheit im Brot sorgt.
Damit ist es mir nach vielen Tests gelungen, die unterschiedlichsten Brotrezepte zu entwickeln – von mild und weich wie klassisches Feinbrot, würzig wie Graubrot oder herzhaft wie Schwarzbrot. Dazu kernige Sorten wie das Saatenbrot, das Sonnenblumenkernbrot oder das dunkle Nussbrot. Wie sich die einzelnen Brotteige verhalten, ist in jedem Rezept beschrieben.
Ab sofort können Sie leckere Brote, Brötchen und Sandwiches ohne Sorge genießen: Die Kohlenhydratmengen pro 100 g liegen bei diesen Low-Carb-Broten zwischen 1,5 und 5,5 g – verglichen mit 40–50 g oder mehr bei herkömmlichem Brot.

Und was darauf? Damit die Freude am Low-Carb-Brot gleich noch etwas größer wird, gibt es eine umfangreiche Auswahl an köstlichen Aufstrichen und Dips dazu. Gerade keine Zeit? Mit Senf, Zitronensaft, Sambal Oelek oder Curry ist im Handumdrehen eine Würzbutter gemacht, die nur darauf wartet, mit Käse oder Schinken belegt zu werden.

Geeignete Low-Carb-Mehle Viele Low-Carb-Mehle und andere benötigte Zutaten bekommt man in Bioläden und Reformhäusern, wie zum Beispiel goldene und braune Leinsamen, Hanfsamen, Chiasamen, Mohn, Low-Carb-Kokosmehl, Low-Carb-Mandelmehl, Low-Carb-Sojamehl, Low-Carb-Leinsamenmehl oder gemahlene Flohsamenschalen.

Tipp *Bei Mandelmehl muss man übrigens zwischen gemahlenen braunen oder weißen Mandeln und Low-Carb-Mandelmehl unterscheiden, das wie viele der verwendeten Low-Carb-Nussmehle bei der Herstellung von Nussölen aus den ausgepressten Rückständen gewonnen wird.*
Weitere Mehle wie Low-Carb-Sojakleie, Low-Carb-Hanfmehl, Low-Carb-Walnussmehl oder Low-Carb-Kürbiskernmehl kann man auch online bestellen (Seite 192).

Einfach starten Selbstverständlich müssen Sie nicht gleich alle genannten Zutaten einkaufen. Wenn Sie sich zuerst an dem Sandwichbrot, dem Quarkbrot oder dem Brot mit Hüttenkäse versuchen, werden Sie die Zutaten problemlos im Reformhaus und Supermarkt finden. Dazu kommen noch Quark, Eier und Backpulver*.

Küchenausstattung Ideal sind zwei Kastenformen, eine größere (circa 11 × 24 cm) und eine kleinere (circa 9 × 20 cm). Die Formen verschiedener Hersteller haben fast immer andere Maße. Hier muss man einfach ausprobieren.
Auch wenn die modernen Formen in der Regel beschichtet sind: Einige Teige können stärker anhaften, weshalb ich die Formen grundsätzlich mit Backpapier auslege. Wenn man rundum einen Rand stehen lässt, kann man das fertige, noch heiße Brot daran problemlos aus der Form heben. Zum kompletten Auskühlen danach ist ein Kuchengitter ideal. Für länglich geformte Brote gibt es gelochte Baguetteformen aus Blech oder Silikon, die durch die Löcher von allen Seiten gleichmäßig Hitze bekommen. Um Chia- oder Leinsamen frisch zu mahlen, ist ein normaler Mixer oder Blitzhacker vollkommen ausreichend.

Erst mal nach Rezept, bevor man experimentiert Ich habe über ein Jahr die Brotrezepte getestet, optimiert und weiterentwickelt. Mit anderen Zutaten und Mischverhältnissen experimentiert und die Temperaturen und Backzeiten immer wieder angepasst. Jedem, der sich auf das Abenteuer Low-Carb-Brotbacken einlässt, empfehle ich, erst einmal genau nach Rezept zu arbeiten, bevor eigene Variationen oder Neukreationen ausprobiert werden.

Kleiner Brotvorrat Wenn ich Zeit habe, backe ich gleich zwei oder drei verschiedene Brote auf einmal. Nach dem kompletten Auskühlen werden die Brote aufgeschnitten und die Scheiben zwischen Lagen Backpapier in Clip-Boxen eingefroren. So kann man sie leicht einzeln entnehmen und im Toaster schnell aufbacken. Meistens kommen von allen Sorten ein paar Scheiben in eine Box, dann ist jederzeit für Abwechslung gesorgt.

** Backpulver ist in kleinen Tüten mit 15 g oder 16 g Inhalt erhältlich. Weil es bei Teilmengen einfacher ist, gehe ich von 15 g = 3 TL aus. Der minimale Mengenunterschied wirkt sich nicht auf das Backverhalten aus.*

LC-SONNENBLUMENKERNBROT

FÜR 1 KASTENFORM (CA. 24 × 11 CM)

250 g Quark (20 % Fett)
6 Eier (M, 330 g)
knapp 2 gestr. TL Salz (10 g)
100 g gemahlene braune Mandeln
75 g frisch gemahlene Gold-Leinsamen oder braune Leinsamen
25 g ganze Gold-Leinsamen oder brauner Leinsamen
50 g gemahlene Flohsamenschalen
50 g LC-Sojamehl
50 g fein gemahlene LC-Sojakleie
1 ⅓ Päckchen Backpulver (20 g)
100 g Sonnenblumenkerne + etwas mehr zum Bestreuen

ZUBEREITUNGSZEIT *15 Minuten + 80–90 Minuten Backen + 15 Minuten Nachgaren*

Den Backofen auf 150 °C Umluft vorheizen. **Quark, Eier** und **Salz** in einer Schüssel mit den Quirlen des Handmixers glatt verrühren. // Die **trockenen Zutaten** in einer zweiten Schüssel mischen, dann nach und nach unter die Quarkmischung rühren. Die Masse 5 Minuten quellen lassen. // Eine Kastenform mit Backpapier auskleiden. Den Teig einfüllen, gleichmäßig andrücken und die Oberfläche mit einem angefeuchteten Küchenspatel glatt streichen. Mit dem Spatel oder einem Messerrücken mehrmals schräg in die Oberfläche einschneiden. Das Brot mit Sonnenblumenkernen bestreuen. // Das Brot im vorgeheizten Ofen (Mitte) 80 Minuten backen. Nach der Hälfte der Backzeit die Form einmal umdrehen, damit das Brot gleichmäßig bäckt. Die Stäbchenprobe machen und das Brot eventuell weitere 10 Minuten backen. Den Ofen ausschalten und das Brot darin weitere 15 Minuten nachgaren. Dann aus der Form nehmen und auf einem Gitter vollständig auskühlen lassen, bevor es aufgeschnitten wird.

Anmerkung *Das Brot hat eine schöne Kruste, lässt sich sehr gut schneiden, ist fest und dabei nicht hart oder zu trocken.*

NÄHRWERTE
Das gebackene Brot wiegt circa 930 g.

pro 100 g
288 kcal (21 g F // 18 g EW // 4 g KH)

4 g KH

3 g KH

LC-QUARKBROT

FÜR 1 KASTENFORM (CA. 24 × 11 CM)

125 g Gold-Leinsamen oder braune Leinsamen
1 ½ EL Koriandersamen (7 g)
50 g gemahlene Flohsamenschalen
knapp 2 gestr. TL Salz (10 g)
1 Päckchen Backpulver (15 g)
250 g Quark (40 % Fett)
5 Eier (M, 275 g)
1 EL Apfelessig

ZUBEREITUNGSZEIT *15 Minuten + 80 Minuten Backen + 15 Minuten Nachgaren*

Den Backofen auf 170 °C Ober-/Unterhitze vorheizen. Eine Schale mit Wasser auf den Boden des Ofens stellen. **Leinsamen** und **Koriander** im Blitzhacker fein mahlen. Mit **Flohsamen** und **Salz** in einer Schüssel mischen. Das **Backpulver** darübersieben und gut untermischen. // In einer zweiten Schüssel **Quark, Eier** und **Essig** mit den Quirlen des Handmixers glatt verrühren. Die trockene Mischung einrieseln lassen. So lange rühren, bis der Teig fester wird. Etwas stehen lassen, damit die Flohsamenschalen weiter quellen können. // Eine Kastenform so mit Backpapier auskleiden, dass ringsherum 3 cm überstehen. Den Teig einfüllen, mit einem angefeuchteten Küchenspatel glatt streichen und längs einritzen. // Das Brot in den vorgeheizten Ofen (Mitte) schieben und 80 Minuten backen. Nach der Hälfte der Backzeit die Form einmal umdrehen, damit das Brot gleichmäßig bäckt. Wenn nötig, das Brot mit Alufolie locker abdecken. Nach Ende der Backzeit die Stäbchenprobe machen. Den Ofen ausschalten und das Brot weitere 15 Minuten im halb offenen Ofen nachgaren. Herausnehmen, aus der Form nehmen und auf einem Kuchengitter vollständig auskühlen lassen, bevor es angeschnitten wird.

Anmerkung *Der Teig wirkt zunächst sehr feucht. Nach dem Backen und Abkühlen ist er aber trocken, dabei saftig. Die Kruste ist dunkel, das Innere hell.*

NÄHRWERTE
Das gebackene Brot wiegt circa 720 g.

pro 100 g
286 kcal (21 g F // 17 g EW // 3 g KH)

BACON-BROMBEER-CHUTNEY

FÜR 2 PORTIONEN

100 g Bacon
80 g rote Zwiebeln
75 g Brombeeren
3 TL Sherryessig
Salz
schwarzer Pfeffer aus der Mühle
½–1 TL Sambal Oelek (3 g)
¼ TL Guarkernmehl (eher weniger, nach Belieben)

ZUBEREITUNGSZEIT *20 Minuten*
NÄHRWERTE PRO PORTION *178 kcal (13 g F // 10 g EW // 5 g KH)*

Den **Bacon** klein würfeln und in einer Pfanne bei mittlerer Hitze etwa 10 Minuten langsam auslassen. Inzwischen die **Zwiebeln** schälen, fein würfeln, zum Speck geben und unter gelegentlichem Rühren weich dünsten. // Inzwischen die **Brombeeren** waschen, trocken tupfen und klein schneiden. In die Bacon-Mischung geben, kurz andünsten und mit zunächst 2 TL **Essig** ablöschen. Etwas einkochen lassen, **salzen, pfeffern** und mit **Sambal Oelek** würzen. Nach Geschmack etwas mehr **Essig** zugeben. // Wem das Chutney zu flüssig erscheint, der kann mit ein wenig **Guarkernmehl** binden: Das Mehl in ein feines Sieb geben und über das Chutney stäuben, dann sofort unterrühren, damit die Bindung gleichmäßig ist.

Tipp *Das Chutney mit kaltem Fleisch, Schinken oder Käse servieren.*

BLAUBEERCHUTNEY

VEGGIE

FÜR 4 PORTIONEN

100 g rote Zwiebeln
15 g Ingwer
100 g Blaubeeren
1 EL Oliven- oder Rapsöl
Salz
½–1 TL Sambal Oelek (3 g)
1 TL Apfelessig
1 geh. EL Chiasamen (12 g)

ZUBEREITUNGSZEIT *30 Minuten*
NÄHRWERTE PRO PORTION *56 kcal (5 g F // 1 g EW // 3 g KH)*

Die **Zwiebeln** schälen und in etwa 3 mm große Würfel schneiden. Den **Ingwer** schälen und sehr fein würfeln. Die **Blaubeeren** waschen und abtropfen lassen. // Die Zwiebeln im **Öl** glasig anschwitzen. Den Ingwer zugeben. Die Zwiebeln bei sanfter Hitze und unter regelmäßigem Rühren etwa 10 Minuten weich dünsten. Die Blaubeeren zugeben. Abgedeckt 3–4 Minuten dünsten, bis sie aufplatzen. Etwas zerdrücken und offen weiterköcheln, bis die Flüssigkeit etwas eingekocht ist. // Das Chutney vom Herd nehmen. Mit **Salz, Sambal Oelek** und **Essig** würzen. Die **Chiasamen** einrühren. Das Chutney stehen lassen, bis es abgekühlt ist und die Chiasamen gequollen sind. // Mit Frischhaltefolie abgedeckt oder in einem Schraubglas ist das Chutney im Kühlschrank mindestens 10 Tage haltbar.

Tipp *Dieses fruchtige Chutney passt zu Ziegenfrischkäse, Blauschimmelkäse, gebackenem Camembert, Schinken und kaltem Braten oder Hähnchenbrust.*

5 g KH

BACON-BROMBEER-CHUTNEY

3 g KH

BLAUBEERCHUTNEY

Durch die sehr weich gedünsteten Zwiebeln und die Blaubeeren erscheint dieses Chutney auch ohne Zucker richtig süß, fast so, wie man es von normalen Chutneys kennt.

3 g KH
3 g KH

LC-SESAMBROT

FÜR 1 KASTENFORM (CA. 20 × 11 CM)

250 g Quark (20 % Fett)
6 Eier (M, 330 g)
2 gestr. TL Salz (10 g)
100 g gemahlene braune Mandeln
100 g frisch gemahlene Gold-Leinsamen
50 g gemahlene Flohsamenschalen
50 g LC-Sojakleie
50 g geschälte Sesamsamen
1 Päckchen Backpulver (15 g)

NÄHRWERTE
Das gebackene Brot wiegt circa 810 g.

pro 100 g
262 kcal (20 g F // 17 g EW // 3 g KH)

ZUBEREITUNGSZEIT *15 Minuten + 90–100 Minuten Backen + 15 Minuten Nachgaren*

Den Backofen auf 150 °C Umluft vorheizen. **Quark, Eier** und **Salz** in eine Schüssel geben und mit den Quirlen des Handmixers glatt verrühren. // Die **trockenen Zutaten** in einer zweiten Schüssel mischen, dann nach und nach in die Quarkmischung einrühren. Die Masse 5 Minuten quellen lassen, dabei wird der zunächst lockere Teig fester. // Eine Kastenform mit Backpapier auslegen, den Teig einfüllen, gleichmäßig andrücken und die Oberfläche mit einem angefeuchteten Küchenspatel glatt streichen. Mit dem Spatel oder einem Messerrücken mehrmals schräg in die Oberfläche einschneiden. // Das Brot im vorgeheizten Backofen (Mitte) 90 Minuten backen. Nach der Hälfte der Backzeit die Form einmal umdrehen, damit das Brot gleichmäßig bäckt. Nach Ende der Garzeit die Stäbchenprobe machen und das Brot eventuell weitere 5–10 Minuten backen. Den Ofen ausschalten, die Tür einen Spaltbreit öffnen und das Brot weitere 15 Minuten darin nachgaren. Dann aus der Form nehmen und auf einem Gitter vollständig auskühlen lassen, bevor es aufgeschnitten wird.

Anmerkung *Das Brot hat eine schöne Kruste und lässt sich sehr gut schneiden. Es ist fest, sodass man es gut bestreichen kann, aber keinesfalls hart oder trocken. Der Sesam schmeckt deutlich durch. Durch Sesam und Kleie hat das Brot eine lockere Struktur, ähnlich wie das Saatenbrot.*

LC-SESAMBRÖTCHEN

FÜR 8 KLEINE BRÖTCHEN À 49 G

50 g frisch gemahlene Gold-Leinsamen
50 g weißes LC-Mandelmehl
50 g LC-Sojamehl
30 g gemahlene Flohsamenschalen
⅔ Päckchen Backpulver (10 g)
1 TL Salz (7 g)
30 g geschälte Sesamsamen
2 Eiweiß (70 g)

NÄHRWERTE
Pro Stück
99 kcal (6 g F // 9 g EW // 1,5 g KH)

Pro 100 g
204 kcal (12 g F // 19 g EW // 3 g KH)

ZUBEREITUNGSZEIT *15 Minuten + 55 Minuten Backen + 15 Minuten Nachgaren*

Den Backofen auf 160 °C Umluft vorheizen. Die **trockenen Zutaten** in einer Schüssel mischen. Die **Eiweiße** mit den Quirlen des Handmixers unterrühren. 250 ml heißes Wasser angießen und weiterrühren. Den Teig mit den Händen etwas durchkneten und kurz ruhen lassen. // Den Teig in acht gleich große Portionen teilen und zu ovalen Brötchen formen. Einen Löffelstiel oder Messerrücken anfeuchten und damit eine Längsrille in jedes Brötchen drücken. // Die Brötchen auf ein mit Backpapier belegtes Blech setzen und im vorgeheizten Ofen (Mitte) 55 Minuten backen. Nach der Hälfte der Backzeit das Blech einmal umdrehen, damit die Brötchen gleichmäßig backen. // Nach Ende der Backzeit (Stäbchenprobe) die Brötchen im ausgeschalteten Ofen 15 Minuten nachgaren, dabei die Tür einen Spaltbreit offen halten (am besten einen langstieligen Kochlöffel dazwischenklemmen). Die Brötchen herausnehmen und auf einem Kuchengitter vollständig auskühlen lassen, bevor sie angeschnitten werden.

DUNKLES LC-BAGUETTE

FÜR 2 KLEINE BAGUETTES À CA. 270 G

70 g weißes LC-Mandelmehl
80 g LC-Sojamehl
50 g gemahlene Flohsamenschalen
50 g frisch gemahlene Gold-Leinsamen
⅔ Päckchen Backpulver (10 g)
1 TL Salz (7 g)
3 Eiweiß (L, 120 g)

ZUBEREITUNGSZEIT *10 Minuten + 50 Minuten Backen + 10–15 Minuten Nachgaren*

Den Backofen auf 170 °C Umluft vorheizen. Die **trockenen Zutaten** in einer Schüssel mischen. Die **Eiweiße** mit den Quirlen des Handmixers unterrühren. 250 ml heißes Wasser angießen und weiterrühren. Den Teig mit den Händen etwas durchkneten und kurz ruhen lassen. // Den Teig halbieren und zu zwei 18–20 cm langen Minibaguettes formen. Die Baguettes an der Oberfläche mehrmals schräg einschneiden. In eine gelochte Baguetteform oder auf ein mit Backpapier ausgelegtes Blech legen. // Die Baguettes im vorgeheizten Backofen (Mitte) 50 Minuten backen. Nach der Hälfte der Backzeit das Blech einmal umdrehen, damit die Brote gleichmäßig backen. Die Stäbchenprobe machen und die fertigen Brote im ausgeschalteten Ofen 10–15 Minuten nachgaren. Auf einem Kuchengitter vollständig auskühlen lassen.

Anmerkung *Der Teig ist nicht ganz homogen, lässt sich aber gut zu Baguettes formen. Bei Bedarf zusätzlich 2–3 EL Wasser zugeben. Das fertige Brot hat eine perfekte Konsistenz – farblich wie ein Feinbrot.*

NÄHRWERTE
Das gebackene Brot wiegt circa 270 g.

pro 100 g
156 kcal (7 g F // 18 g EW // 2 g KH)

2 g KH

Petersilienwurzeln haben erfreulich wenige Kohlenhydrate, gerade einmal 2,3 g pro 100 g. Dazu sind sie unglaublich vielseitig und ergeben püriert eine gute Konsistenz. Ihr mildwürziger, leicht süßlicher Geschmack macht sie offen für die unterschiedlichsten Würzvarianten.

HUMMUS AUS MÖHREN UND MANDELN

6,5 g KH

HUMMUS AUS PETERSILIENWURZELN

3,5 g KH

HUMMUS AUS MÖHREN UND MANDELN

VEGGIE

FÜR 2 PORTIONEN

250 g Möhren (geputzt etwa 200 g)
2 EL Olivenöl
2 EL Mandelblättchen (15 g)
1 Biozitrone
2–3 Stängel Dill (3 g)
1 schmale Frühlingszwiebel
25 g weißes Mandelmus
Salz
schwarzer Pfeffer aus der Mühle
Chiliflocken

ZUBEREITUNGSZEIT *40 Minuten*
NÄHRWERTE PRO PORTION *288 kcal (27 g F // 6 g EW // 6,5 g KH)*

Die **Möhren** schälen, waschen und klein schneiden. Im **Öl** unter Rühren anschwitzen, einen Deckel auflegen und die Möhren bei geringer Hitze 20–25 Minuten weich dünsten. Falls nötig, 2–3 EL Wasser zugeben. // Inzwischen die **Mandelblättchen** in einer Pfanne ohne Fett goldgelb rösten, dann auf einem Teller abkühlen lassen. Die **Zitrone** heiß waschen und trocken reiben, 1 TL Schale abreiben und 2 TL Saft auspressen. Den **Dill** abbrausen und trocken tupfen, die Spitzen abzupfen und hacken, einige ganze Spitzen zum Garnieren beiseitelegen. **Frühlingszwiebel** putzen, das Weiße fein hacken, das Grüne in schmale Ringe schneiden. // Die weichen Möhren so fein wie möglich pürieren. Das **Mandelmus** einrühren, dadurch bekommt die Mischung mehr Stand. Mit Zitronensaft, Zitronenschale, **Salz** und **Pfeffer** abschmecken. Frühlingszwiebeln und Dill untermischen. Mit Mandelblättchen und **Chiliflocken** bestreuen und mit ganzen Dillspitzen dekorieren.

Tipp *Mit Fladenbrot (Seite 46) oder Gemüsesticks servieren.*

HUMMUS AUS PETERSILIENWURZELN

VEGGIE

FÜR 2 PORTIONEN

250 g Petersilienwurzeln (geputzt etwa 200 g)
2 EL Olivenöl
100 ml Gemüsebrühe
1 Biozitrone
5–7 Stängel glatte Petersilie (10 g)
20 g weißes Mandelmus
½ EL Tahini (5 g; Sesammus)
Salz
schwarzer Pfeffer aus der Mühle
¼–½ TL frisch gemahlener Cumin
Cayenne

ZUBEREITUNGSZEIT *45 Minuten*
NÄHRWERTE PRO PORTION *258 kcal (3 g F // 6 g EW // 3,5 g KH)*

Die **Petersilienwurzeln** schälen, putzen, waschen und klein schneiden. Im **Öl** unter Rühren anschwitzen und etwa 50 ml **Brühe** angießen. Einen Deckel auflegen und die Petersilienwurzeln bei geringer Hitze etwa 25 Minuten weich dünsten. Falls nötig, die restliche **Brühe** zugeben. Zum Schluss ohne Deckel so lange weiterköcheln, bis alle Flüssigkeit verdampft ist (wenn die Petersilienwurzeln sehr frisch sind, benötigt man nur wenig oder keine Brühe). // Inzwischen die **Zitrone** heiß waschen und trocken reiben, 1 TL Schale abreiben und 2 TL Saft auspressen. Die **Petersilie** abbrausen, trocken tupfen und hacken. // Die weichen Petersilienwurzeln fein pürieren. Falls sie faserig sind, die Masse durch ein Sieb oder eine Flotte Lotte streichen, dann bekommt man eine wirklich hummusähnliche Konsistenz. // **Mandelmus** und **Tahini** hineinrühren und die Mischung mit Zitronensaft, Zitronenschale, **Salz, Pfeffer, Cumin** und **Cayenne** pikant abschmecken. Zum Schluss die gehackte Petersilie untermischen.

Tipp *Hummus auf das Sandwichbrot (Seite 46) streichen und mit Avocado belegen. Oder Sesambrot (Seite 25), Sonnenblumenkernbrot (Seite 18) oder Quarkbrot (Seite 21) rösten, in Streifen schneiden und zum Dippen servieren.*

LC-SCHWARZBROT

FÜR 1 KASTENFORM (CA. 24 × 11 CM)

100 g LC-Sojamehl
70 g braunes LC-Mandelmehl
70 g gemahlene Flohsamenschalen
60 g braune Leinsamen
55 g LC-Sojakleie
3 EL Koriandersamen (15 g)
1 ⅓ Päckchen Backpulver (20 g)
35 g geschälte Hanfsamen
2 geh. TL Salz (15 g)
5–7 Eiweiß (170 g)

ZUBEREITUNGSZEIT *15 Minuten + 80 Minuten Backen + 15 Minuten Nachgaren*

Den Backofen auf 160 °C Umluft vorheizen. Beide **Mehle** und **Flohsamenschalen** in einer Schüssel gründlich vermischen, eventuell durchsieben. **Leinsamen, Sojakleie** und **Koriandersamen** mischen, im Blitzhacker fein mahlen und untermischen. **Backpulver** dazusieben, **Hanfsamen** und **Salz** untermischen. // Die **Eiweiße** zugeben und mit den Quirlen des Handmixers 2–3 Minuten unterrühren. 550 ml heißes Wasser (70–80 °C) zugeben und den Teig weitere 3–4 Minuten gründlich durchrühren. // Eine Kastenform mit Backpapier auslegen, den Teig hineinfüllen, fest andrücken und mit einem angefeuchteten Spatel glatt streichen. // Das Brot im vorgeheizten Backofen (Mitte) 80 Minuten backen. Nach der Hälfte der Backzeit das Backblech einmal umdrehen, damit das Brot gleichmäßig gart. Wenn es durchgebacken ist (Stäbchenprobe), noch 15 Minuten im ausgeschalteten Ofen nachgaren lassen, dabei die Tür einen Spaltbreit offen halten (am besten einen langstieligen Kochlöffel dazwischenklemmen). Das Brot herausnehmen, 10 Minuten in der Form abkühlen und dann auf einem Kuchengitter vollständig auskühlen lassen.

NÄHRWERTE
Das gebackene Brot wiegt circa 950 g.

pro 100 g
145 kcal (7 g F // 14 g EW // 3 g KH)

3 g KH

GEKOCHTER SCHINKEN
UND KAPERN
1,5 g KH
0,5 g KH
ZITRONEN-SENF-BUTTER

GEKOCHTER SCHINKEN UND KAPERN

FÜR 2 PORTIONEN

100 g gekochter Schinken, sehr dünn geschnitten
½ Beet Kresse oder 10–12 Stängel Schnittlauch
2 TL Salzkapern (10 g)
30 g weiche Butter
75 g Frischkäse (Doppelrahmstufe)
schwarzer Pfeffer aus der Mühle
Chiliflocken

ZUBEREITUNGSZEIT *15 Minuten*
NÄHRWERTE PRO PORTION *278 kcal (24 g F // 14 g EW // 1,5 g KH)*

Den **Schinken** mit einem großen Messer in 2 mm große Stückchen hacken. Die **Kresse** vom Beet schneiden, abbrausen, trocken tupfen und fein hacken oder den **Schnittlauch** waschen und in feinste Röllchen schneiden. Die **Kapern** ebenfalls fein hacken. // Die **weiche Butter** mit dem **Frischkäse** verrühren, die gehackten Zutaten untermischen. // Mit **Pfeffer** und **Chiliflocken** würzen. Salz ist wegen des Schinkens und der Kapern nicht nötig.

ZITRONEN-SENF-BUTTER

VEGGIE

FÜR 4 PORTIONEN

100 g weiche Butter
1 TL Zitronensaft
1 TL abgeriebene Schale einer Biozitrone
1 ½ TL Dijonsenf (7 g)
Salz
grüner Pfeffer aus der Mühle

ZUBEREITUNGSZEIT *5 Minuten*
NÄHRWERTE PRO PORTION *192 kcal (21 g F // 0 g EW // 0,5 g KH)*

Die **Butter** mit **Zitronensaft, Zitronenschale** und **Senf** schaumig rühren. Mit **Salz** und **Pfeffer** abschmecken.

Tipp *Die Zitronen-Senf-Butter schmeckt gut auf gedünstetem Fisch, zum Beispiel Kabeljau, ebenso auf gebratenem oder gegrilltem Rindersteak. Sie eignet sich auch als Aufstrich für Sandwiches, die man mit Avocado und/oder gekochtem Schinken belegt.*

LC-MÖHREN-MANDEL-BROT ODER BREADCAKE

FÜR 1 KASTENFORM (CA. 24 × 11 CM)

220 g Möhren (geschält 200 g)
20 g Kokosöl
150 g gemahlene blanchierte Mandeln
50 g geschrotete Gold-Leinsamen
30 g gemahlene Flohsamenschalen
25 g Mohn
1 TL frisch gemahlene Kardamomsamen (2–3 g)
knapp 2 TL Salz (10 g)
⅔ Päckchen Backpulver (10 g)
4 Eier (L, 240 g)

ZUBEREITUNGSZEIT *20 Minuten + 55–60 Minuten Backen + 15 Minuten Nachgaren*

Den Backofen auf 160 °C Umluft vorheizen. Die **Möhren** schälen und grob raspeln. Die Raspel auf einem mit Backpapier ausgelegten Blech ausbreiten und 20 Minuten im Backofen trocknen lassen, dabei gelegentlich wenden. Herausnehmen und abkühlen lassen. // Inzwischen das **Kokosöl** erwärmen, bis es flüssig ist. **Mandeln, Leinsamen, Flohsamenschalen, Mohn, Kardamom** und **Salz** in einer Schüssel mischen. Das **Backpulver** durch ein kleines Sieb darüberstäuben und untermischen. Die **Eier** verquirlen und untermischen. Die getrockneten und abgekühlten Möhren zugeben und mit den Knethaken des Handmixers einarbeiten. Zum Schluss das flüssige Kokosöl untermischen. // Eine Kastenform mit Backpapier auslegen, den Teig hineingeben, gut andrücken und glatt streichen. Im vorgeheizten Ofen (Mitte) 60 Minuten backen. Nach der Hälfte der Backzeit die Form einmal drehen, damit das Brot gleichmäßig bäckt. Wenn es fertig ist (Stäbchenprobe), das Brot noch 15 Minuten im ausgeschalteten, halb offenen Ofen nachgaren. Das Brot aus der Form nehmen und auf einem Kuchengitter vollständig auskühlen lassen.

Anmerkung *Durch Mandeln, Möhren, Kokos und Kardamom bekommt das Brot einen kuchenähnlichen, leicht süßlichen Charakter, der es zum idealen Frühstücksbrot macht – etwa mit Kokosmus bestrichen oder mit Frischkäse und ein paar Blaubeeren belegt. Wer auch optisch einen Breadcake möchte, verwendet – wie auf dem Foto – eine 20-cm-Springform. Die Backzeit beträgt dann 45–50 Minuten.*

NÄHRWERTE
Das gebackene Brot wiegt circa 630 g.

pro 100 g
285 kcal (24 g F // 13 g EW // 4 g KH)

4 g KH

3,5 g KH

LC-SAATENBROT

FÜR 1 KASTENFORM (CA. 24 × 11 CM)

250 g Quark (20 % Fett)
6 Eier (M, 330 g)
knapp 2 gestr. TL Salz (10 g)
100 g gemahlene braune Mandeln
75 g frisch gemahlene Gold-Leinsamen oder braune Leinsamen
25 g ganze Gold-Leinsamen oder braune Leinsamen
50 g gemahlene Flohsamenschalen
50 g LC-Sojamehl
30 g geschälte Hanfsamen
30 g geschälte Sesamsamen
30 g Graumohn
25 g fein gemahlene LC-Sojakleie
1 ⅓ Päckchen Backpulver (20 g)

ZUBEREITUNGSZEIT *15 Minuten + 75–85 Minuten Backzeit + 15 Minuten Nachgaren*

Den Backofen auf 150 °C Umluft vorheizen. **Quark, Eier** und **Salz** in eine Schüssel geben und mit den Quirlen des Handmixers glatt verrühren. **//** **Trockene Zutaten** in einer zweiten Schüssel mischen, dann nach und nach zur Quarkmischung geben, dabei weiterrühren. Die Mischung etwa 5 Minuten quellen lassen. **//** Eine Kastenform mit Backpapier auslegen, den Teig einfüllen, gleichmäßig andrücken und die Oberfläche mit einem angefeuchteten Küchenspatel glatt streichen. Mit dem Spatel oder einem Messerrücken mehrmals schräg in die Oberfläche einschneiden. **//** Das Brot im vorgeheizten Ofen (Mitte) 75 Minuten backen. Nach der Hälfte der Backzeit die Form einmal umdrehen, damit das Brot gleichmäßig bäckt. Die Stäbchenprobe machen und das Brot, wenn nötig, weitere 10 Minuten backen. Den Ofen ausschalten und das Brot 15 Minuten darin nachgaren. Aus der Form nehmen und auf einem Kuchengitter vollständig auskühlen lassen, bevor es aufgeschnitten wird.

Anmerkung *Das Brot hat eine schöne Kruste, lässt sich sehr gut schneiden, ist fest und dabei nicht hart oder zu trocken.*

NÄHRWERTE
Das gebackene Brot wiegt circa 930 g.

pro 100 g
273 kcal (20 g F // 18 g EW // 3,5 g KH)

DEFTIG UND LECKER

PILZE UND PETERSILIE

VEGGIE

FÜR 2 PORTIONEN

200 g feste Champignons
1 Schalotte (30 g)
1 kleine Knoblauchzehe (3 g)
1 EL Olivenöl
Salz
schwarzer Pfeffer aus der Mühle
Muskatnuss
1 TL Zitronensaft
½ TL abgeriebene Schale einer Biozitrone
1 Msp. Cayenne oder Piment d'Espelette
5–7 Stängel glatte Petersilie (10 g)
100 g Frischkäse (Doppelrahmstufe)

ZUBEREITUNGSZEIT *30 Minuten*
NÄHRWERTE PRO PORTION *226 kcal (20 g F // 7 g EW // 3 g KH)*

Die **Champignons** trocken putzen (nicht waschen!), die Stiele herausdrehen. Bei schon geöffneten Pilzen die dunklen Lamellen mit einem kleinen Löffel herauskratzen. Die Pilze auf einer Mandoline in dünne Scheibchen oder Streifen hobeln, anschließend mit einem großen Messer gründlich durchhacken, sodass man etwa 2 mm kleine Würfel erhält. **Schalotte** und **Knoblauch** schälen und ähnlich fein würfeln. // Die Pilze in ein sauberes Geschirrtuch geben und so fest wie möglich die Flüssigkeit herausdrücken. Am besten dafür das Tuch über den Pilzen zusammenfassen und immer fester zusammendrehen. // Die Schalotte im **Öl** glasig anschwitzen, den Knoblauch kurz mitdünsten. Die Pilzmasse zugeben und bei starker Hitze unter Rühren 5 Minuten braten. Vom Herd nehmen, mit **Salz, Pfeffer, Muskatnuss, Zitronensaft** und **-schale** würzen. Nach Belieben mit etwas **Cayenne** abrunden. Die Masse abkühlen lassen. // **Petersilie** abbrausen, trocken tupfen und fein hacken. Die Pilze mit der Petersilie und dem **Frischkäse** gründlich mischen.

3 g KH
PILZE UND PETERSILIE
0,5 g KH
„GERUPFTES HUHN“
(HÄHNCHENFLEISCH
UND SCHMALZ)
1,5 g KH
FAST ORIGINALER
OBAZDA
2,5 g KH
EIER UND SCHNITTLAUCH
4,5 g KH
SPECK UND TOMATEN

FÜR JEWEILS 2 PORTIONEN

ZUBEREITUNGSZEIT *je 15 Minuten*

„GERUPFTES HUHN" (HÄHNCHENFLEISCH UND SCHMALZ)

NÄHRWERTE PRO PORTION *316 kcal (29 g F // 12 g EW // 0,5 g KH)*

100 g gegartes Fleisch von einem Grillhähnchen ohne Haut
50 g Radieschen
½ Bund Schnittlauch (15 Stängel)
50 g Schweineschmalz ohne Grieben (Flomenschmalz) in Zimmertemperatur
Salz
schwarzer Pfeffer aus der Mühle

Das gegarte **Fleisch** zunächst faserig auseinanderzupfen, anschließend mit einem großen Messer klein hacken. // Die **Radieschen** waschen, die Wurzeln wegschneiden, von den Blattansätzen so viel stehen lassen, dass man die Radieschen daran festhalten kann. Auf einer Mandoline in dünne Scheibchen oder Streifen hobeln, diese anschließend sehr fein hacken. Den **Schnittlauch** abbrausen, trocken tupfen und in schmale Röllchen schneiden. // Das Fleisch mit dem weichen **Schmalz** gründlich vermengen, sodass das Schmalz gleichmäßig verteilt ist. Mit **Salz** und **Pfeffer** würzen, Radieschen und Schnittlauch untermischen.

VEGGIE

FAST ORIGINALER OBAZDA

NÄHRWERTE PRO PORTION *313 kcal (9 g F // 11 g EW // 1,5 g KH)*

100 g reifer Brie (60 % Fett)
20 g weiche Butter
30 g Frischkäse (Doppelrahmstufe)
25 g eingelegte rote Paprikaschoten, abgetropft
1 TL Paprika Delikatess (ersatzweise Paprika edelsüß)
1 Msp. Cayenne
Salz
schwarzer Pfeffer aus der Mühle
Schnittlauchröllchen und Zwiebelringe nach Belieben

Brie und **Butter** rechtzeitig aus dem Kühlschrank holen. Den Brie erst in schmale Scheiben, dann in Streifen und Würfel schneiden, so klein wie möglich. Eventuell noch mit einer Gabel fein zerdrücken und mit **Frischkäse** und Butter vermengen; das geht wie beim bayerischen Original am besten mit den Händen. // Die abgetropften **Paprikaschoten** mit Küchenpapier fest ausdrücken, dann klein würfeln und unterheben – gehört nicht zum Original, schmeckt aber gut. // Die Masse mit **Paprikapulver, Cayenne, Salz** und **Pfeffer** kräftig abschmecken. Nach Belieben mit **Schnittlauch** und **Zwiebelringen** anrichten.

FÜR JEWEILS 2 PORTIONEN

VEGGIE

EIER UND SCHNITTLAUCH

2 Eier (L, 120 g)
½ Bund Schnittlauch (etwa 15 Stängel)
30 g Mayonnaise (80 % Fett)
40 g Frischkäse (Doppelrahmstufe)
1 TL Dijonsenf (5 g)
½ TL abgeriebene Schale einer Biozitrone
Salz
schwarzer Pfeffer aus der Mühle
½–1 TL Sriracha-Sauce (scharfe Chilisauce; Asialaden)
1–2 Spritzer Zitronensaft

ZUBEREITUNGSZEIT *15 Minuten*
NÄHRWERTE PRO PORTION *294 kcal (27 g F // 9 g EW // 2,5 g KH)*

Die **Eier** 10 Minuten hart kochen. Währenddessen den **Schnittlauch** abbrausen, trocken tupfen und in schmale Röllchen schneiden. Die **Mayonnaise** mit **Frischkäse, Senf** und **Zitronenschale** verrühren. Mit **Salz, Pfeffer, Chilisauce** und etwas **Zitronensaft** abschmecken. // Die Eier kalt abschrecken, pellen und klein hacken. Leicht **salzen** und unter die Creme heben. Etwas Schnittlauch untermischen, den Rest darüberstreuen.

SPECK UND TOMATEN

50 g Bacon
2 in Öl eingelegte getrocknete Tomaten (Abtropfgewicht 15 g)
2 Stängel Basilikum
1 Schalotte (30 g)
125 g Frischkäse (Doppelrahmstufe)
Salz
schwarzer Pfeffer aus der Mühle
Chiliflocken

ZUBEREITUNGSZEIT *25 Minuten*
NÄHRWERTE PRO PORTION *258 kcal (22 g F // 9 g EW // 4,5 g KH)*

Den **Bacon** in sehr kleine Würfel schneiden und in einer Pfanne ohne weiteres Fett bei mittlerer Hitze etwa 10 Minuten auslassen und knusprig braten. // Inzwischen die eingelegten **Tomaten** mit Küchenpapier gut ausdrücken und sehr klein würfeln. Das **Basilikum** abbrausen und trocken tupfen, die Blättchen abzupfen und fein hacken. Die **Schalotte** schälen und sehr fein würfeln. // Wenn der Bacon fertig ist, die Pfanne leicht schräg halten und den Bacon herausnehmen. Wenn möglich, das ausgelassene Fett in der Pfanne lassen. Die Schalotte darin glasig anschwitzen, herausnehmen und abkühlen lassen. // Den **Frischkäse** mit Tomaten und Basilikum vermengen, den abgekühlten Bacon und die Schalotte zugeben und untermischen. Mit **Salz, Pfeffer** und **Chiliflocken** abschmecken.

LC-BAUERNBRÖTCHEN

FÜR 6 GROSSE BRÖTCHEN À CA. 90 G

70 g LC-Sojamehl
50 g braunes LC-Mandelmehl
50 g gemahlene Flohsamenschalen
60 g frisch gemahlene Gold-Leinsamen
40 g fein gecutterte LC-Sojakleie
1 Päckchen Backpulver (15 g)
2 TL Salz (12 g)
3–5 Eiweiß (120 g)

ZUBEREITUNGSZEIT *15 Minuten + 60 Minuten Backen + 15 Minuten Nachgaren*

Den Backofen auf 170 °C Umluft vorheizen. Die **trockenen Zutaten** in einer Schüssel gründlich vermischen und für ein gleichmäßiges Ergebnis am besten einmal durchsieben. Die **Eiweiße** zugeben und mit den Quirlen des Handmixers 2–3 Minuten unterrühren. 400 ml heißes Wasser (70–80 °C) zugeben und den Teig weitere 3–4 Minuten gründlich durchmixen. // Eine 6er-Form (Silikon) für Burgerbrötchen kalt abspülen. Den Teig in sechs gleich große Stücke teilen und diese mit angefeuchteten Händen zu Kugeln formen. Die Kugeln in die Form geben und flach drücken, bis sie die Form gänzlich ausfüllen (oder sechs Brötchen formen und auf ein mit Backpapier ausgelegtes Blech legen). // Die Brötchen im vorgeheizten Ofen 50 Minuten backen, nach der Hälfte der Zeit das Backblech einmal umdrehen, damit die Brötchen gleichmäßig garen. Wenn sie durchgebacken sind (Stäbchenprobe), die Brötchen noch 15 Minuten im ausgeschalteten Ofen nachgaren lassen, dabei die Backofentür mit einem eingeklemmten langstieligen Kochlöffel einen Spaltbreit offen halten. Die Brötchen herausnehmen und auf einem Kuchengitter vollständig auskühlen lassen.

Anmerkung *Der Teig ist schwer und etwas klumpig. Die Brötchen gehen aber gut auf und sind mittel- bis feinporig und von guter Konsistenz.*

NÄHRWERTE

Gesamt
855 kcal (39 g F // 90 g EW // 11,5 g KH)

Pro Stück
143 kcal (7 g F // 15 g EW // 2 g KH)

Pro 100 g
158 kcal (7 g F // 17 g EW // 2 g KH)

2 g KH

ROUILLE (PAPRIKA-
MAYONNAISE)
4 g KH
6,5 g KH
PAPRIKA-PEKANNUSS-DIP

FÜR JEWEILS 2 PORTIONEN **ZUBEREITUNGSZEIT** *je 10 Minuten*

ROUILLE (PAPRIKA-MAYONNAISE)

VEGGIE

NÄHRWERTE PRO PORTION *207 kcal (21 g F // 1 g EW // 4 g KH)*

75 g eingelegte Paprika (Glas)
1–2 Knoblauchzehen (5 g)
½–1 TL Sambal Oelek (3 g)
½ EL Tomatenmark (10 g)
50 g Mayonnaise (80 % Fett)
Salz
schwarzer Pfeffer aus der Mühle

Die **Paprikastücke** gut abtropfen lassen und zwischen Küchenpapier noch etwas ausdrücken. Die Stücke grob zerschneiden. Den **Knoblauch** schälen und hacken. Beides in einen Mixbecher geben und mit dem Stabmixer pürieren. // **Sambal Oelek, Tomatenmark** und **Mayonnaise** zugeben, nochmals durchmixen. Mit **Salz** und **Pfeffer** abschmecken.

Tipp *Rouille schmeckt köstlich mit Garnelen. Oder übrig gebliebenes weißes Fischfilet zerpflücken, mit der Rouille vermischen und so einen schnellen Fischsalat herstellen.*

PAPRIKA-PEKANNUSS-DIP

VEGGIE

NÄHRWERTE PRO PORTION *274 kcal (6 g F // 4 g EW // 6,5 g KH)*

150 g eingelegte Paprika (Glas)
3 Knoblauchzehen (15 g)
5–7 Stängel glatte Petersilie (10 g)
60 g Pekannüsse
Salz
schwarzer Pfeffer aus der Mühle
½–1 TL Harissa
½–1 TL Aceto balsamico (nach Geschmack)

Die **Paprikastücke** gut abtropfen lassen und zwischen Küchenpapier noch etwas ausdrücken. Die Stücke grob zerschneiden. Den **Knoblauch** schälen und hacken. Die **Petersilie** abbrausen, trocken tupfen und grob hacken, dabei einige ganze Blättchen zum Garnieren beiseitelegen. // **Pekannüsse** grob hacken und im Blitzhacker zunächst nur etwas zerkleinern. Dann Paprika, Knoblauch und Petersilie zugeben und das Ganze zu einer feinen, aber noch strukturierten Paste verarbeiten. // Mit **Salz, Pfeffer** und **Harissa** pikant abschmecken. Je nachdem, wie säuerlich die eingelegte Paprika schmeckt, noch ein wenig **Aceto balsamico** unterrühren. // Mit Petersilienblättchen bestreuen.

Tipp *Mit Fladenbrot (Seite 46) servieren. Mit Oliven, Kapernäpfeln, Käsewürfeln und Chorizo als Tapas anrichten.*

LC-SANDWICH- UND -FLADENBROT

FÜR 4 FLACHE SANDWICHBROT-SCHEIBEN À CA. 55 G ODER FÜR 4 FLACHE FLADENBROT-SCHEIBEN À CA. 45 G

30 g Butter
20 g LC-Kokosmehl
20 g gemahlene Flohsamenschalen
½ TL Salz (3,5 g)
⅓ Päckchen Backpulver (5 g)
3 Eier (M, 165 g)
2 EL Mineralwasser

ZUBEREITUNGSZEIT *15 Minuten + 25 Minuten Backen + 10 Minuten Nachgaren*

Sandwichbrot Den Backofen auf 150 °C Umluft vorheizen. Eine Schale mit Wasser auf den Boden des Ofens stellen. **Butter** schmelzen und abkühlen lassen. // **Kokosmehl, Flohsamenschalen** und **Salz** gründlich miteinander mischen. **Backpulver** dazusieben und untermischen. // Die **Eier** trennen. Die Eiweiße steif schlagen. Die Eigelbe mit dem **Mineralwasser** glatt rühren und die flüssige Butter unterschlagen. Nach und nach unter Rühren die Mehlmischung einrieseln lassen. // Die Hälfte des Eischnees mit dem Schneebesen oder den Quirlen des Handmixers bei geringer Stufe in den Teig mischen, das restliche Eiweiß locker unterheben. // Eine kleine rechteckige, ofenfeste Form (circa 14 × 22 cm) mit Backpapier auslegen, den Teig hineingeben, mit einem Küchenspachtel gleichmäßig verteilen und glatt streichen. Darauf achten, dass auch die Ecken ausgefüllt und die Kanten gerade sind. Mit der Kante des Spachtels den Teig in vier Stücke teilen. // Das Brot im vorgeheizten Ofen (Mitte) 25 Minuten backen. Nach der Hälfte der Backzeit das Blech einmal umdrehen, damit die Brotscheiben gleichmäßig backen. // Wenn sie fertig sind (Stäbchenprobe), die Brotscheiben noch 10 Minuten bei ausgeschaltetem, halb offenem Ofen nachgaren. Dann herausnehmen und auf einem Kuchengitter vollständig auskühlen lassen.

Anmerkung *Das Brot ist angenehm weich und lässt sich nach dem Auskühlen quer gut aufschneiden. Innen ist es fluffig, wie man es von einem Sandwichbrot erwartet, dabei etwas grobporig. Die Scheiben können direkt belegt und verzehrt oder nach Belieben zuvor getoastet werden.*

ZUBEREITUNGSZEIT *15 Minuten + 15–20 Minuten Backen + 5–10 Minuten Nachgaren*

Fladenbrot Den Teig auf ein mit Backpapier ausgelegtes Blech geben, mit Frischhaltefolie abdecken und mit einer Teigrolle bis an die Ränder gleichmäßig ausrollen. Den Fladen 15–20 Minuten backen und weitere 5–10 Minuten im ausgeschalteten Ofen nachgaren. Herausnehmen, umdrehen, das Backpapier abziehen, das Fladenbrot vierteln und dann auf zwei Kuchengittern oder dem umgedrehten Backofenrost auskühlen lassen.

Anmerkung *Das Fladenbrot ist ideal zum Servieren mit Dips oder zum Aufrollen für Wraps geeignet.*

NÄHRWERTE

Sandwichbrot pro Stück
134 kcal (12 g F // 7 g EW // 1 g KH)

Sandwichbrot pro 100 g
238 kcal (20 g F // 12 g EW // 1,5 g KH)

Fladenbrot pro Stück
134 kcal (12 g F // 7 g EW // 1 g KH)

Fladenbrot pro 100 g
315 kcal (27 g F // 15 g EW // 2 g KH)

(Da die Flüssigkeit des flacheren Fladenbrotes stärker verdunstet, verändern sich die Nährwerte bezogen auf 100 g.)

2 g KH
1,5 g KH

Von dieser Pastete lohnt es sich, gleich die doppelte Menge zu machen. In einem Schraubglas ist sie im Kühlschrank mehrere Tage haltbar.

HÄHNCHENLEBERPASTETE MIT CHAMPIGNONS

2 g KH

3 g KH

MANDEL-SAFRAN-DIP

HÄHNCHENLEBERPASTETE MIT CHAMPIGNONS

FÜR 4 PORTIONEN

150 g Hähnchenleber
1 Schalotte (30 g)
1–2 Knoblauchzehen (5 g)
40 g Butter
100 g Sahne
100 g feste Champignons
2–3 Stängel Majoran oder
1 TL getrockneter Majoran
3–4 Stängel Thymian
2 TL Butterschmalz (10 g)
Salz
schwarzer Pfeffer aus der Mühle

ZUBEREITUNGSZEIT *45 Minuten*
NÄHRWERTE PRO PORTION *234 kcal (21 g F // 10 g EW // 2 g KH)*

Die **Hähnchenleber** putzen, kalt abspülen, trocken tupfen und in 1–2 cm große Stücke schneiden. **Schalotte** und **Knoblauch** schälen und fein hacken. **//** **Butter** erhitzen, bis sie schäumt, Schalotten und Knoblauch darin bei knapp mittlerer Hitze farblos glasig anschwitzen. Die Temperatur leicht erhöhen, die Leberstücke zugeben und unter häufigem Rühren etwa 12 Minuten sanft braten. **//** Die **Sahne** angießen, aufkochen und die Mischung 5 Minuten offen köcheln, dann vom Herd nehmen und abkühlen lassen. **//** Die **Pilze** säubern, aber nicht waschen, die Stiele entfernen und die Köpfe in 2–3 mm große Würfel schneiden. Die **Kräuter** abbrausen, trocken tupfen und hacken. **//** Die Pilze im **Butterschmalz** bei starker Hitze etwa 5 Minuten braten. **Salzen, pfeffern** und kurz weiterbraten, bis keine Flüssigkeit mehr austritt. Die Kräuter untermischen. **//** Die Leber-Sahne-Mischung mit dem Stabmixer sehr fein pürieren, mit **Salz** und **Pfeffer** würzen. Die Pilze unterrühren und die Mischung eventuell nochmals abschmecken. In ein Schraubglas füllen und im Kühlschrank fest werden lassen.

Tipp *Als Vorspeise schmeckt die Pastete auf geröstetem Brot – zum Beispiel auf dem Möhren-Mandel-Brot (Seite 34) oder dem Quarkbrot (Seite 21) – und mit einem Klecks Blaubeerchutney (Seite 22) angerichtet.*

MANDEL-SAFRAN-DIP

VEGGIE

FÜR 2 PORTIONEN

1 Msp. Safranfäden
Salz
2–3 TL Zitronensaft
1–2 Knoblauchzehen (5 g)
100 g Frischkäse (Doppelrahmstufe)
40 g weißes Mandelmus
½ TL abgeriebene Schale einer Biozitrone
Salz
schwarzer Pfeffer aus der Mühle
Cayenne

ZUBEREITUNGSZEIT *10 Minuten*
NÄHRWERTE PRO PORTION *259 kcal (24 g F // 7 g EW // 3 g KH)*

Die **Safranfäden** mit einer Prise **Salz** im Mörser fein zerreiben. 2 TL **Zitronensaft** zugeben und die Mischung kurz ziehen lassen. Den **Knoblauch** schälen und sehr fein hacken. **Frischkäse, Mandelmus,** Knoblauch und Safranmischung mit Schneebesen oder Stabmixer zu einer homogenen Masse verrühren. Mit **Zitronenschale, Salz, Pfeffer** und **Cayenne** pikant abschmecken. Nach Belieben noch mehr **Zitronensaft** zugeben. Wer es etwas cremiger mag, rührt noch 1–2 TL Wasser hinein.

Tipp *Mit Krabben oder Garnelen gemischt, wird aus dem Dip ein schneller, feiner Salat. Als Dip schmeckt die Mandel-Safran-Mischung zu gegrillten Riesengarnelen, jeder Art von Fisch oder zu Hähnchenbrust.*

LC-KÜRBISKERNBAGUETTE MIT KÄSE

FÜR 2 KLEINE BAGUETTES À CA. 245 G

150 g LC-Kürbiskernmehl
25 g gemahlene Flohsamenschalen
⅔ Päckchen Backpulver (10 g)
1 TL Salz (7 g)
2 Eiweiß (M, 70 g)
1 Ei (S, 50 g)
40 g frisch geriebener Parmesan
30 g Kürbiskerne
1 EL Kürbiskernöl

ZUBEREITUNGSZEIT *15 Minuten + 50 Minuten Backen + 10 Minuten Nachgaren*

Den Backofen auf 160 °C Umluft vorheizen. **Kürbiskernmehl, Flohsamenschalen, Backpulver** und **Salz** in einer Schüssel mischen. Die **Eiweiße** und das ganze **Ei** dazugeben, mit den Quirlen des Handmixers verrühren. 250 ml heißes Wasser dazugeben und weiterrühren. **Käse, Kürbiskerne** und das **Öl** zugeben, mit den Händen gut verkneten. // Den Teig halbieren und zu zwei etwa 18 cm langen Minibaguettes formen. In eine gelochte Baguetteform oder auf ein mit Backpapier ausgelegtes Blech legen. Eventuell an der Oberfläche liegende Kürbiskerne in den Teig drücken, damit sie nicht verbrennen. // Die Baguettes im vorgeheizten Backofen (Mitte) etwa 60 Minuten backen. Nach der Hälfte der Backzeit das Blech einmal umdrehen, damit die Brote gleichmäßig backen. Wenn sie fertig sind (Stäbchenprobe), die Brote im ausgeschalteten Ofen 10 Minuten nachgaren, dann auf einem Kuchengitter vollständig auskühlen lassen.

Anmerkung *Das Kürbiskernbaguette passt besonders gut zu Käse.*

NÄHRWERTE

Pro Stück
577 kcal (32 g F // 61 g EW // 6 g KH)

Pro 100 g
236 kcal (13 g F // 25 g EW // 2,5 g KH)

2,5 g KH

3,5 g KH

LC-BROT MIT HÜTTENKÄSE UND HANFSAMEN

FÜR 1 KASTENFORM (CA. 24 × 11 CM)

300 g Hüttenkäse
3 Eier (M, 165 g)
100 g Gold-Leinsamen
3 EL Koriandersamen (15 g)
75 g gemahlene blanchierte Mandeln
60 g gemahlene Flohsamenschalen
50 g geschälte Hanfsamen
1 TL Salz (7 g)
1 Päckchen Backpulver (15 g)

ZUBEREITUNGSZEIT *30 Minuten + 60 Minuten Backen + 10 Minuten Nachgaren*

Hüttenkäse und **Eier** mit dem Stabmixer pürieren. **Leinsamen** und **Koriandersamen** im Blitzhacker fein mahlen. **Mandeln** zugeben und weiter zerkleinern. Die Mischung mit **Flohsamenschalen, Hanfsamen** und **Salz** in eine Schüssel geben. Das **Backpulver** dazusieben und untermischen. // Den Backofen auf 160 °C Umluft vorheizen. Die trockenen Zutaten in die Eiermischung rühren und etwa 5 Minuten quellen lassen. // Inzwischen eine Kastenform mit Backpapier auslegen. Den eher feuchten Teig einfüllen und mit einem angefeuchteten Spatel glatt streichen. Von oben mehrmals schräg einritzen. // Eine kleine ofenfeste Schüssel mit Wasser auf den Boden des Ofens stellen. Das Brot auf den Rost (Mitte) stellen und im vorgeheizten Ofen etwa 60 Minuten backen. Nach 30 Minuten die Form einmal drehen, damit das Brot gleichmäßig bäckt. Die Stäbchenprobe machen. // Das Brot noch 10 Minuten im Ofen bei offener Tür stehen lassen, dann herausnehmen. Nach weiteren 10 Minuten aus der Form nehmen und auf einem Gitter vollständig auskühlen lassen.

NÄHRWERTE
Das gebackene Brot wiegt circa 730 g.

pro 100 g
242 kcal (26 g F // 17 g EW // 3,5 g KH)

FÜR JEWEILS 2 PORTIONEN

ZUBEREITUNGSZEIT *je 15 Minuten*

KAVIAR UND EI

NÄHRWERTE PRO PORTION *277 kcal (20 g F // 15 g EW // 2,5 g KH)*

2 Eier (M, 110 g)
70 g Crème fraîche
30 g Frischkäse (Doppelrahmstufe)
1 TL Zitronensaft
1 TL abgeriebene Schale einer Biozitrone
1 TL Dijonsenf (5 g)
Salz
grüner Pfeffer aus der Mühle
2–3 Stängel Dill (3 g)
50 g Forellenkaviar

Die **Eier** etwa 10 Minuten hart kochen, abschrecken, pellen und fein hacken. Inzwischen **Crème fraîche** mit **Frischkäse, Zitronensaft, Zitronenschale** und **Senf** glatt rühren. Mit **Salz** und **Pfeffer** würzen. Den **Dill** abbrausen und trocken tupfen, einige Spitzen zum Garnieren beiseitelegen, die restlichen Spitzen fein hacken. Crème-fraîche-Mischung mit Eiern und dem **Kaviar** mischen, den gehackten Dill unterheben und mit den ganzen Dillspitzen garnieren.

RÄUCHERFORELLE UND WASABI

NÄHRWERTE PRO PORTION *239 kcal (20 g F // 11 g EW // 3,5 g KH)*

80 g Frischkäse (Doppelrahmstufe)
20 g Mayonnaise (80 % Fett)
10 g Wasabi (Tube)
80 g Räucherforellenfilet
2 Stängel Dill (3 g)
1 Biolimette
1 schmale Frühlingszwiebel
2 Cornichons (20 g)
grüner Pfeffer aus der Mühle

Den **Frischkäse** mit **Mayonnaise** und **Wasabi** glatt rühren. Das **Räucherforellenfilet** fein zerpflücken, dann noch einmal durchhacken und untermischen. Den **Dill** abbrausen und trocken tupfen, die Spitzen abzupfen und fein hacken. Die **Limette** heiß waschen und etwa ½ TL Schale abreiben. // Die **Frühlingszwiebel** putzen und waschen. Das Weiße hacken und das Grüne in dünne Röllchen schneiden. Die **Cornichons** trocken tupfen und fein hacken. Alles unter die Forellenmischung heben. // Den Aufstrich mit **Pfeffer** würzen, Salz ist vermutlich nicht nötig. Mit den Zwiebelringen bestreuen.

Tipp *Dieser Aufstrich passt gut zum Schwarzbrot (Seite 30) und zu den Bauernbrötchen (Seite 42).*

KAVIAR UND EI
2,5 g KH
RÄUCHERFORELLE UND WASABI
3,5 g KH

5 g KH

DUNKLES LC-NUSSBROT

FÜR 1 KASTENFORM (CA. 24 × 11 CM)

50 g Chiasamen
50 g gemahlene Flohsamenschalen
100 g Pekannüsse
100 g Mandelblättchen
50 g Kürbiskerne
50 g frisch gemahlene braune Leinsamen
100 g LC-Walnussmehl
¾ TL Salz (5 g)
2 EL Walnussöl
Kürbiskerne und Mandelblättchen zum Bestreuen

ZUBEREITUNGSZEIT *20 Minuten + 80–90 Minuten Backen + 10–15 Minuten Nachgaren*

Den Backofen auf 175 °C Umluft vorheizen. Die **Chia-** und **Flohsamen** mischen, 300 ml heißes Wasser zugeben, gründlich umrühren und die Mischung etwa 15 Minuten quellen lassen, dabei ab und zu umrühren. Inzwischen die Kastenform mit Backpapier auslegen (entfällt bei einer Silikonform). // Die **Pekannüsse** grob hacken, mit **Mandelblättchen, Kürbiskernen, Leinsamen, Walnussmehl** und **Salz** mischen. Die Chiamischung zugeben und alles gut verkneten. Das **Öl** untermischen. // Die Masse in die Form geben und mit einem Löffelrücken gut andrücken. Mit **Kürbiskernen** und **Mandelblättchen** bestreuen. // Das Brot im vorgeheizten Backofen 80–90 Minuten backen. Im ausgeschalteten Ofen 10–15 Minuten nachgaren, aus der Form nehmen und auf einem Kuchengitter vollständig auskühlen lassen.

Anmerkung *Das Brot ist sehr gehaltvoll und sättigt stark. Deshalb in sehr dünne Scheiben schneiden. Es schmeckt am besten mit Butter und Käse.*

NÄHRWERTE
Das gebackene Brot wiegt circa 820 g.

pro 100 g
336 kcal (29 g F // 12 g EW // 5 g KH)

LC-HANFBROT UND LC-BROTCHIPS

FÜR 2 KLEINE BAGUETTES À CA. 245 G ODER FÜR CA. 250 G BROTCHIPS

50 g LC-Sojamehl
100 g entöltes LC-Hanfmehl
40 g gemahlene Flohsamenschalen
⅔ Päckchen Backpulver (10 g)
50 g geschälte Hanfsamen
1 TL Salz (7 g)
3 Eiweiß (M, 105 g)
1 EL Oliven- oder Walnussöl

ZUBEREITUNGSZEIT *10 Minuten + 60 Minuten Backen + 15 Minuten Nachgaren*

Hanfbrot Den Backofen auf 160 °C Umluft vorheizen. Die **trockenen Zutaten** in einer Schüssel mischen. Die **Eiweiße** mit den Quirlen des Handmixers unterrühren. 250 ml heißes Wasser angießen und weiterrühren. Das **Öl** zugeben und untermischen. Den Teig mit den Händen etwas durchkneten und kurz ruhen lassen. // Den Teig halbieren und zu zwei 20–22 cm langen Minibaguettes formen. Die Baguettes an der Oberseite der Länge nach einritzen und in eine gelochte Baguetteform oder auf ein mit Backpapier ausgelegtes Blech legen. // Im vorgeheizten Backofen (Mitte) 55–60 Minuten backen. Nach der Hälfte der Backzeit das Blech einmal umdrehen, damit die Brote gleichmäßig backen. // Nach Ende der Backzeit (Stäbchenprobe) die Brote im ausgeschalteten Ofen bei leicht geöffneter Backofentür (Kochlöffel dazwischenklemmen) etwa 15 Minuten nachgaren. Die Brote herausnehmen und auf einem Kuchengitter vollständig auskühlen lassen, bevor sie angeschnitten werden.

ZUBEREITUNGSZEIT *20 Minuten + 70 Minuten Backen*

Variante Brotchips Den Teig wie oben beschrieben zubereiten und zu etwa 2 cm dicken Rollen formen. // Die Brotrollen im Backofen bei 160 °C Umluft etwa 40 Minuten backen, herausnehmen und vollständig auskühlen lassen. Für die Chips die Rollen in 2–3 mm dünne Scheibchen schneiden und auf einem mit Backpapier ausgelegten Backblech verteilen, sodass sie nicht überlappen. // Bei 150 °C Umluft weitere 30 Minuten backen, die Ofentür dabei mithilfe eines Kochlöffelstiels einen Spaltbreit geöffnet lassen. Die Chips zwischendurch einmal wenden. Komplett auskühlen lassen und in einer Blechdose aufbewahren.

NÄHRWERTE

LC-Hanfbrot pro 100 g
205 kcal (12 g F // 16 g EW // 2 g KH)

Brotchips pro 100 g
400 kcal (24 g F // 32 g EW // 3,5 g KH)

(Da durch das längere Backen mehr Flüssigkeit verdunstet, ändern sich die Nährwerte bezogen auf 100 g.)

3,5 g KH
2 g KH

MIT GANZ NEUEN LIEBLINGSBEILAGEN

FLEISCH

INFO

Bei allen Fleischgerichten mit Beilagen haben wir die Zutaten voneinander getrennt geschrieben und auch die Nährwerte und Zubereitungszeiten zusätzlich separat berechnet. So können Sie nach Lust und Laune immer wieder anders kombinieren und die neuen Nährwerte ganz problemlos zusammenrechnen. Unsere besten Kombinationstipps finden Sie bei jedem Rezept.

ENTRECÔTE MIT ZUCCHINI-AVOCADO-GEMÜSE

FÜR 2 PORTIONEN

Für das Gemüse
60 g Schalotten (geputzt etwa 50 g)
220 g Zucchini (geputzt etwa 200 g)
2 EL Olivenöl
5–7 Stängel glatte Petersilie (10 g)
1 mittelgroße Avocado
(125 g Fruchtfleisch)
Kräutersalz oder Flockensalz
schwarzer Pfeffer aus der Mühle
Chiliflocken

Für das Fleisch
1 Entrecôte (etwa 400 g, 3 cm dick)
Salz
1 EL Butterschmalz (15 g)
schwarzer Pfeffer aus der Mühle
Flockensalz

ZUBEREITUNGSZEIT *30 Minuten*
NÄHRWERTE PRO PORTION *661 kcal (52 g F // 46 g EW // 5 g KH)*

Gemüse Die **Schalotten** schälen und längs in Spalten schneiden. Die **Zucchini** waschen, von Stiel und Blütenansatz befreien und mit der Schale in etwa 2 cm große Würfel schneiden.

Fleisch Den Backofen auf 120 °C Ober-/Unterhitze vorheizen. Eine ofenfeste Form hineinstellen (Mitte). Das **Fleisch** trocken tupfen, **salzen** und in einer Pfanne im heißen **Butterschmalz** von jeder Seite 2 Minuten scharf anbraten, dann **pfeffern.** Ein Bratenthermometer an der dicksten Stelle hineinstechen. Das Fleisch in die Form legen und im Ofen etwa 15 Minuten garen, bis eine Kerntemperatur von 57–59 °C erreicht ist.

Gemüse Inzwischen die Schalotten im **Öl** glasig anschwitzen, die Zucchini zugeben und unter häufigem Wenden 5–7 Minuten knapp garen. Die **Petersilie** abbrausen, trocken tupfen und grob hacken. Die **Avocado** halbieren und entkernen. Das Fruchtfleisch herauslösen, in etwa 2 cm große Würfel schneiden und 2 Minuten mit den Zucchini mitbraten. Das Gemüse mit **Salz, Pfeffer** und **Chili** würzen. Zum Schluss die Petersilie unterheben.

Fleisch Das Fleisch aus dem Ofen nehmen und kurz ruhen lassen. Dann aufschneiden, mit etwas **Flockensalz** bestreuen und mit dem Gemüse anrichten.

Tipps *Die ganze Portion Gemüse wird zum Hauptgericht für eine Person, wenn man zum Beispiel ein Stück LC-Brot, etwas Schinken oder ein wachsweich gekochtes Ei dazugibt. Schmecken Sie das Gemüse mit 1–2 TL Sherryessig ab und servieren es lauwarm als Antipasti.*

NÄHRWERTE UND ZUBEREITUNGSZEITEN
separat und pro Portion

Zucchini-Avocado-Gemüse
302 kcal (30 g F // 4 g EW // 4 g KH)
20 Minuten

Fleisch
359 kcal (22 g F // 42 g EW // 1 g KH)
10 Minuten + 15 Minuten Garen

5 g KH

Das Gemüse passt auch zum Schweinefilet (Seite 74), zum Zitronenhähnchen (Seite 69), zum Kabeljau (Seite 116) und zu allen Steaks. Zum Fleisch passen die Thymian-Pfeffer-Butter (Seite 90), die grünen Pestobohnen (Seite 86), Pfannenspargel (Seite 74), Thymian-Mandel-„Polenta“ (Seite 69) oder Safran-Peperonata (Seite 100).

8,5 g KH

Zu den Frikadellen passt auch der Oliven-Sellerie-Stampf (Seite 85), das Blumenkohlpüree (Seite 78), das Zucchini-Avocado-Gemüse (Seite 62) und die Safran-Peperonata (Seite 100).
Der Sellerie passt zu fast jeder Zubereitung von Fleisch, beispielsweise zu den Zwiebelsteaks (Seite 77) und zum Zitronenhähnchen (Seite 69).

MEDITERRAN GEWÜRZTE FRIKADELLEN MIT GEBRATENEM SELLERIE

FÜR 2 PORTIONEN

Für die Frikadellen
60 g Feta
1–2 eingelegte Tomaten (10 g)
3–4 schwarze Oliven ohne Stein (10 g)
2 TL Salzkapern (10 g)
250 g gemischtes Hackfleisch
½ TL Harissa
2 TL Tomatenmark (10 g)
1 Eigelb (M, 18 g)
1 TL getrockneter Oregano
Salz
schwarzer Pfeffer aus der Mühle
2 TL Butterschmalz (10 g)
Für den gebratenen Sellerie
600 g Knollensellerie (geputzt 400 g)
1–2 Knoblauchzehen (5 g)
6 Stängel Thymian (5 g)
3 EL Olivenöl
Flockensalz
schwarzer Pfeffer aus der Mühle

ZUBEREITUNGSZEIT *50 Minuten*
NÄHRWERTE PRO PORTION *725 kcal (62 g F // 31 g EW // 8,5 g KH)*

Frikadellen Den **Feta** fein zerkrümeln. Die **Tomaten** abtropfen lassen, trocken tupfen und fein hacken. **Oliven** und **Kapern** ebenfalls fein hacken. Das **Hackfleisch** mit den zerkleinerten Zutaten, **Harissa, Tomatenmark, Eigelb** und **Oregano** gründlich verkneten, mit **Salz** und **Pfeffer** würzen. Aus der Masse vier gleich große Frikadellen formen.
Gebratener Sellerie Den **Sellerie** schälen, abspülen, trocken tupfen und in 2 cm große Würfel schneiden. Den **Knoblauch** schälen und fein würfeln. Den **Thymian** abbrausen und trocken tupfen, die Blättchen abzupfen. Das **Öl** kräftig erhitzen, den Sellerie darin unter häufigem Rühren 5 Minuten goldbraun anbraten, dann bei mittlerer Hitze weitere 10 Minuten garen, bis er innen weich und außen knusprig ist. Während der letzten 2 Minuten den Knoblauch mitbraten, er soll aber keine Farbe annehmen. Das Gemüse mit **Salz** und **Pfeffer** würzen und dann mit dem Thymian bestreuen.
Frikadellen Etwa 10 Minuten bevor der Sellerie fertig ist, das **Butterschmalz** in einer Pfanne erhitzen. Die Frikadellen darin bei mittlerer Hitze von jeder Seite 1–2 Minuten anbraten, dann abgedeckt bei geringer Hitze 6–8 Minuten fertig garen. // Die Frikadellen mit dem Sellerie anrichten.

NÄHRWERTE UND ZUBEREITUNGSZEITEN
separat und pro Portion

Frikadellen
478 kcal (39 g F // 28 g EW // 2,5 g KH)
25 Minuten

Sellerie
246 kcal (23 g F // 4 g EW // 6 g KH)
30 Minuten

ENTENBRUST MIT PETERSILIENWURZELPÜREE

FÜR 2 PORTIONEN

Für die Entenbrust
1 Entenbrust (etwa 400 g)
Salz
2 TL Olivenöl
Piment aus der Mühle

Für das Petersilienwurzelpüree
450 g Petersilienwurzeln (geputzt etwa 350 g)
2 EL Olivenöl
2–4 Stängel glatte Petersilie (5 g)
Salz
schwarzer Pfeffer aus der Mühle
1 TL abgeriebene Schale einer Biozitrone
1–2 Spritzer Zitronensaft

ZUBEREITUNGSZEIT *60 Minuten*
NÄHRWERTE PRO PORTION *703 kcal (55 g F // 41 g EW // 4,5 g KH)*

Entenbrust Die **Entenbrust** abspülen, trocken tupfen und von eventuellen Häuten befreien (parieren). Die Fettseite mit einer Rasierklinge oder einem sehr scharfen Messer im 1-cm-Abstand rautenförmig einritzen. Etwas **Salz** in die Schnitte reiben. // Eine Form in die Mitte des Backofens stellen. Den Ofen auf 100 °C Ober-/Unterhitze erhitzen. Das **Öl** in eine kalte Pfanne streichen, die Entenbrust mit der Fettseite nach unten einlegen und bei mittlerer Hitze 10 Minuten anbraten. Die Entenbrust herausnehmen und mit der Fettseite nach oben in die Form im Ofen legen. Dort 40–50 Minuten fertig garen.

Püree Während die Entenbrust gart, die **Petersilienwurzeln** schälen, waschen und in 2 cm große Würfel schneiden. // Das **Öl** in einer großen beschichteten Pfanne erhitzen. Die Petersilienwurzeln zugeben und andünsten, die Temperatur gleich auf mittlere Hitze reduzieren. 50 ml Wasser zugeben, den Deckel auflegen und die Petersilienwurzeln etwa 20 Minuten sanft dünsten. Sie sollen dabei keine Farbe annehmen. Inzwischen die **Petersilie** abbrausen, trocken tupfen und hacken. // Sobald die Petersilienwurzeln gar sind, noch kurz ohne Deckel weiterdünsten, bis alle Flüssigkeit verkocht ist. Herausnehmen und mit dem Stabmixer fein pürieren. // Das Püree mit **Salz, Pfeffer, Zitronenschale** und **Zitronensaft** abschmecken, die Petersilie unterheben.

Entenbrust Die Entenbrust aus dem Ofen nehmen und schräg aufschneiden, mit frisch gemahlenem **Piment** würzen. Fleischsaft, der dabei austritt, über das Püree träufeln. Entenbrustscheiben und Püree zusammen anrichten.

NÄHRWERTE UND ZUBEREITUNGSZEITEN
separat und pro Portion

Entenbrust
495 kcal (39 g F // 36 g EW // 0 g KH)
15 Minuten + 50 Minuten Garen

Püree
207 kcal (16 g F // 5 g EW // 4,5 g KH)
20 Minuten + 20 Minuten Dünsten

4,5 g KH

Zur Entenbrust passt auch der Safran-Kohlrabi-„Reis“ (Seite 107) oder das Selleriepüree (Seite 99). Das Püree passt zu nahezu allen Fleisch- und Fischgerichten in diesem Buch, es ist quasi die Low-Carb-Variante vom Kartoffelpüree und entsprechend vielseitig einsetzbar.

6 g KH

Zum Zitronenhähnchen passen auch diese Beilagen: das Selleriepüree (Seite 99), das Auberginen-Thymian-Püree (Seite 93) und die grüne „Polenta" (Seite 124).
Die „Polenta" passt zu den Lammhackbällchen (Seite 89), den gekräuterten Lammlachsen (Seite 85), den mediterran gewürzten Frikadellen (Seite 65), zur Entenbrust (Seite 66) und zum Zander (Seite 115).

PFEFFRIGES ZITRONENHÄHNCHEN MIT THYMIAN-MANDEL-„POLENTA“

FÜR 2 PORTIONEN

Für das Hähnchen
5–7 Stängel glatte Petersilie (10 g)
1 Biozitrone
2 TL eingelegter grüner Pfeffer (10 g)
1 kleine grüne Chilischote (7 g)
Meersalz
2 EL Olivenöl
2 Keulen von der Maispoularde mit Haut und Knochen (à 250 g; 170 g Fleisch netto pro Stück)

Für die Thymian-Mandel-„Polenta“
½ Bund Thymian (7 g)
100 g gemahlene blanchierte Mandeln
250 ml kalte Gemüsebrühe
1 TL Guarkernmehl (3 g)
25 g frisch geriebener Parmesan
Salz
schwarzer Pfeffer aus der Mühle

ZUBEREITUNGSZEIT *40 Minuten + 3 Stunden Marinieren + 60 Minuten Garen*
NÄHRWERTE PRO PORTION *812 kcal (65 g F // 48 g EW // 6 g KH)*

Hähnchen Die **Petersilie** abbrausen, trocken schütteln und hacken. Die **Zitrone** heiß waschen und trocken reiben, die Schale abreiben. Dann halbieren, aus einer Hälfte 1 ½ EL Saft auspressen, den Rest beiseitelegen. Den **grünen Pfeffer** abbrausen, trocken tupfen und hacken. Die **Chilischote** längs halbieren, entkernen und fein hacken. // Petersilienblättchen, Zitronenschale, Pfeffer, Chili und ½ TL **Salz** mit Zitronensaft und 1 EL **Olivenöl** vermischen. // Von den **Keulen** sichtbares Fett entfernen, die Keulen kalt abspülen und trocken tupfen. Mit der Hautseite nach oben in eine flache Form legen. Die Haut vorsichtig lockern, einen Teil der Würzmischung darunter, den Rest auf der Haut verteilen. Die Keulen mit Frischhaltefolie abgedeckt im Kühlschrank 2–3 Stunden marinieren lassen. // Den Backofen auf 180 °C Ober-/Unterhitze vorheizen. Das restliche **Olivenöl** über die Keulen träufeln und diese etwas **salzen.** Die zweite Zitronenhälfte in Scheiben schneiden und zu den Keulen geben. Die Hähnchenkeulen auf der unteren Schiene 50–60 Minuten garen, dabei öfter mit dem austretenden Fleischsaft begießen. // Für die Garprobe an der dicksten Stelle in die Keulen stechen: Wenn klarer Saft austritt, sind sie gar.

Thymian-Mandel-„Polenta“ Den **Thymian** abbrausen und trocken tupfen, die Blättchen abstreifen und hacken. Die **Mandeln** mit der **Brühe** verrühren, bis es keine Klümpchen mehr gibt. Die Mischung in einen Topf geben und unter gelegentlichem Umrühren zum Kochen bringen. // Sobald die Masse kocht, die „Polenta“ etwa 4 Minuten unter ständigem Rühren bei mittlerer Hitze kochen (Vorsicht, spritzt!). // Den Topf vom Herd nehmen, das **Guarkernmehl** darübersieben und sofort einrühren. Kurz warten, bis es bindet, eventuell etwas mehr **Guarkernmehl** zugeben. Anschließend den **Parmesan** unterrühren. Mit **Salz** und **Pfeffer** würzen. Zwei Drittel des Thymians untermischen, den Rest darüberstreuen.

NÄHRWERTE UND ZUBEREITUNGSZEITEN
separat und pro Portion

Zitronenhähnchen
456 kcal (34 g F // 32 g EW // 2,5 g KH)
25 Minuten + 3 Stunden Marinieren + 60 Minuten Garen

Thymian-Mandel-„Polenta“
355 kcal (31 g F // 16 g EW // 3 g KH)
15 Minuten

BURGER

BUNS

FÜR 4 BUNS/BRÖTCHEN, ZUSAMMEN ETWA 315 G

40 g Butter + 20 g Butter zum Bestreichen
25 g LC-Kokosmehl
25 g gemahlene Flohsamenschalen
½ TL Salz (3 g)
½ Päckchen Backpulver (7,5 g)
4 Eier (M, 220 g)
3 EL Mineralwasser
1 ½ TL geschälter Sesam (5 g)

NÄHRWERTE

pro Stück
174 kcal (17 g F // 5 g EW // 1 g KH)

pro 100 g
221 kcal (21 g F // 6 g EW // 1,5 g KH)

ZUBEREITUNGSZEIT *15 Minuten + 40 Minuten Backen*

Den Backofen auf 150 °C Umluft vorheizen. Eine Schale mit Wasser auf den Boden des Ofens stellen. 40 g **Butter** schmelzen und abkühlen lassen. In einem anderen Schälchen die übrige **Butter** schmelzen. // **Kokosmehl, Flohsamen** und **Salz** gründlich miteinander mischen. Das **Backpulver** dazusieben und untermischen. // Die **Eier** trennen. Die Eiweiße steif schlagen. Die Eigelbe mit dem **Mineralwasser** glatt rühren, die flüssige Butter (40 g) unterschlagen. Nach und nach unter Rühren die Mehlmischung einrieseln lassen. // Die Hälfte des Eischnees mit dem Schneebesen oder den Quirlen des Handmixers bei geringer Stufe in den Teig mischen, das restliche Eiweiß locker unterheben. // Mit einem Teil der übrigen Butter vier Backringe (9 cm Durchmesser) von innen leicht ausfetten. Die Ringe auf ein mit Backpapier belegtes Blech setzen. Den Teig in den Backringen verteilen. Mit einem angefeuchteten Löffelrücken glatt streichen. Mit der restlichen Butter bestreichen und mit dem **Sesam** bestreuen. // Im vorgeheizten Backofen etwa 40 Minuten backen, nach der Hälfte der Backzeit das Blech einmal umdrehen, damit die Brötchen gleichmäßig backen. // Wenn die Brötchen fertig sind (Stäbchenprobe), den Ofen ausschalten und die Brötchen bei halb offener Ofentür noch 10 Minuten nachgaren. Herausnehmen und auf einem Kuchengitter vollständig auskühlen lassen.

PATTIES

FÜR 2 PORTIONEN

300 g Rinderhack
2 TL Worcestershiresauce
2 TL Dijonsenf (10 g)
½–1 TL Sambal Oelek (5 g; nach Belieben)
Salz
schwarzer Pfeffer aus der Mühle
1 EL Rapsöl

NÄHRWERTE

pro Portion
444 kcal (31 g F // 37 g EW // 2 g KH)

ZUBEREITUNGSZEIT *15 Minuten*

Das **Hackfleisch** mit den **feuchten Zutaten** gründlich verkneten, dann mit **Sambal Oelek, Salz** und **Pfeffer** würzen. // Zwei gleich große, etwa 2 cm hohe Patties formen. Entweder mit einer Fleischpresse oder mit einem Metallring vorformen, dann mit Frischhaltefolie belegen und mithilfe eines kleinen Brettes bis zur gewünschten Dicke flach drücken. // Das **Öl** in einer Pfanne erhitzen, die Patties bei mittlerer bis starker Hitze von jeder Seite 2–3 Minuten braten. Herausnehmen und auf einem Teller etwas ruhen lassen.

BUN + STREMELLACHS + MANDEL-LIMETTEN-SAUCE + LIMETTENSCHEIBE + SALATBLATT

3 g KH

7,5 g KH

BUN + PATTIE + WORCESTERSHIRE-SENF + TOMATE + BACON

Angenommen, Sie leben Low Carb, haben aber einen wahnsinnigen Appetit auf einen richtigen Burger – was tun? Einfach das leckere weiche, weiße Brötchen essen und hinterher ein schlechtes Gewissen haben? Oder das Brötchen durch ein Salatblatt ersetzen und dabei frustriert sein? Besser unsere genialen Buns für Burger backen, am besten gleich ein paar mehr auf Vorrat, sie lassen sich nämlich problemlos einfrieren. Dann braucht es noch die richtigen Patties – oder andere Leckereien – und eine unserer vier Saucen, die den Burger immer wieder anders schmecken lassen. Und schon hat man alles, um mit gutem Gewissen den perfekten Low-Carb-Burger zu genießen!

VERSCHIEDENE KOMBINATIONEN JEWEILS FÜR 1 BURGER

Bun + Pattie + Worcestershire-Senf + Tomate + Bacon
NÄHRWERTE *920 kcal (76 g F // 49 g EW // 7,5 g KH)*

Bun + Pattie + Grüner-Pfeffer-Sauce + ½ hart gekochtes Ei + Salatblatt
NÄHRWERTE *859 kcal (74 g F, // 46 g EW // 6 g KH)*

Bun + Pattie + Tomate-Sambal-Sauce + Cheddar + Zwiebeln
NÄHRWERTE *945 kcal (78 g F // 50 g EW // 7 g KH)*

Bun + 65 g Stremellachs + Mandel-Limette-Sauce + Limettenscheibe + Salatblatt
NÄHRWERTE *467 kcal (38 g F // 28 g EW // 3 g KH)*

Bun + 65 g gegarte Garnelen + Mandel-Limette-Sauce + Limettenscheibe + Salatblatt
NÄHRWERTE *380 kcal (31 g F // 22 g EW, // 3 g KH)*

Bun + 1 wachsweich gekochtes Ei + Worcestershire-Senf + 30 g Tomatenscheiben + Salatblatt
NÄHRWERTE *417 kcal (38 g F // 13 g EW // 5 g KH)*

Bun + Grüner-Pfeffer-Sauce + 60 g Avocado + 30 g Tomatenscheiben + 5 g eingelegte Jalapeños
NÄHRWERTE *511 kcal (51 g F // 8 g EW, // 5 g KH)*

Bun + ½ Mozzarella + Tomate-Sambal-Sauce + 30 g Tomatenscheiben + Basilikumblätter
NÄHRWERTE *537 kcal (45 g F // 20 g EW // 12 g KH)*

VIER SAUCEN FÜR BURGER

FÜR 2 PORTIONEN
Jede Sauce ergibt jeweils 100 g – genug, um zwei Burger satt mit cremiger, dickflüssiger Sauce zu versorgen.

ZUBEREITUNGSZEIT *jeweils 5 Minuten*

WORCESTERSHIRE-SENF

40 g Mayonnaise (80 % Fett)
40 g Frischkäse (Doppelrahmstufe)
2 TL Dijonsenf (10 g)
2 TL Worcestershiresauce
Salz
schwarzer Pfeffer aus der Mühle

NÄHRWERTE PRO PORTION *207 kcal (21 g F // 2 g EW // 3,5 g KH)*

Mayonnaise und **Frischkäse** mit dem Schneebesen glatt verrühren, dann **Senf** und **Worcestershiresauce** unterrühren. Mit **Salz** und **Pfeffer** würzen.

MANDEL-LIMETTE

1 Biolimette
1 kleine grüne Chilischote, z. B. Jalapeño
40 g weißes Mandelmus
40 g griechischer Joghurt
Salz
grüner Pfeffer aus der Mühle

NÄHRWERTE PRO PORTION *150 kcal (14 g F // 5 g EW // 2 g KH)*

Die **Limette** heiß waschen und trocken reiben. 1 TL Schale abreiben und 2 TL Saft auspressen. Die **Chilischote** längs halbieren, entkernen, waschen und fein würfeln. **Mandelmus, Joghurt** und Limettensaft glatt verrühren, die Chiliwürfel unterheben. Mit **Salz** und **Pfeffer** würzen.

GRÜNER PFEFFER

40 g Mayonnaise (80 % Fett)
40 g Frischkäse (Doppelrahmstufe)
etwa 2 TL eingelegter grüner Pfeffer (10 g)
1 schmale Frühlingszwiebel
Salz

NÄHRWERTE PRO PORTION *197 kcal (20 g F // 1 g EW // 2,5 g KH)*

Mayonnaise und **Frischkäse** mit dem Schneebesen glatt verrühren. Den **grünen Pfeffer** abspülen, trocken tupfen und mit einem scharfen Messer hacken. Die **Frühlingszwiebel** putzen, waschen und fein hacken. Zwiebel und grünen Pfeffer untermischen. Die Sauce mit **Salz** würzen.

TOMATE-SAMBAL

40 g Tomatenmark
2 TL Wasser oder Brühe
2 TL Sambal Oelek (10 g)
40 g Mayonnaise (80 % Fett)
Salz
schwarzer Pfeffer aus der Mühle

NÄHRWERTE PRO PORTION *150 kcal (15 g F // 1 g EW // 2,5 g KH)*

Das **Tomatenmark** erst mit etwas Wasser oder **Brühe** glatt rühren, dann **Sambal Oelek** und **Mayonnaise** dazugeben. Mit dem Schneebesen glatt verrühren. Mit **Salz** und **Pfeffer** würzen.

SCHWEINEFILET IN PANCETTA MIT PFANNENSPARGEL

FÜR 2 PORTIONEN

Für den Pfannenspargel
600 g weißer Spargel (geputzt 400 g)
Salz
40 g Butter
schwarzer Pfeffer aus der Mühle
30 g frisch geriebener Parmesan

Für das Fleisch
300 g Schweinefilet (pariert etwa 250 g; z. B. Iberico, möglichst gleichmäßige Mittelstücke)
1 TL schwarze Pfefferkörner (3 g)
5–6 Stängel Thymian (5 g)
1 Stängel Rosmarin (2 g)
100 g Pancetta, hauchdünn geschnitten
25 g Butterschmalz

ZUBEREITUNGSZEIT *45 Minuten*
NÄHRWERTE PRO PORTION *671 kcal (52 g F // 45 g EW // 5,5 g KH)*

Spargel Den **Spargel** schälen, die holzigen Enden wegschneiden, den Spargel waschen und einmal quer halbieren.
Filet Das **Filet** von Sehnen und Häuten befreien (parieren). Die **Pfefferkörner** grob mörsern. Die **Kräuter** abbrausen und trocken tupfen. Die Thymianblättchen abstreifen und hacken. Die Rosmarinnadeln in winzig kleine Stücke schneiden. Die Kräuter mit dem Pfeffer mischen und die Filets darin wälzen. // **Pancettascheiben** überlappend so ausbreiten, dass sie von der Breite her den Filets entsprechen. Die Filets darauflegen und in den Speckmantel wickeln. // Das **Butterschmalz** erhitzen und die Filetpäckchen darin 4 Minuten rundherum knusprig anbraten. Die Temperatur auf kleinste Stufe reduzieren, einen Deckel auflegen und die Filets etwa 15 Minuten fertig schmoren.
Spargel Inzwischen in einem großen Topf **Salzwasser** zum Kochen bringen, einen Dämpfeinsatz einhängen. Zuerst die Spargelendstücke einlegen und über dem Dampf garen. Nach 2 Minuten die Kopfstücke zugeben und weitere 4–5 Minuten knapp garen. Herausnehmen und kurz ausdampfen lassen. // In einer großen Pfanne die **Butter** schmelzen, bis sie schäumt. Den Spargel zugeben, bei mittlerer Hitze und gelegentlichem Wenden fertig garen. Der Spargel soll nur leicht gebräunt sein und dabei noch Biss haben. // Den fertigen Spargel mit **Salz** und **Pfeffer** würzen. Den **Parmesan** darüberstreuen, bei ausgeschaltetem Herd abgedeckt kurz schmelzen lassen. // Die Schweinefilets mit dem Pfannenspargel servieren.

NÄHRWERTE UND ZUBEREITUNGSZEITEN
separat und pro Portion

Pfannenspargel
243 kcal (21 g F // 9 g EW // 4 g KH)
30 Minuten

Filets
399 kcal (26 g F // 40 g EW // 2 g KH)
35 Minuten

Der Spargel passt auch zu Blattspinat (Seite 136), Flanksteak (Seite 90), Lammlachs aus der Folie (Seite 85) oder ganz einfach zu rohem oder gekochtem Schinken.
Zum Filet passen auch diese Beilagen: Zucchini-Avocado-Gemüse (Seite 62), Petersilienwurzelpüree (Seite 66), Brokkoli-Avocado-Stampf (Seite 116) oder Auberginen-Thymian-Püree (Seite 93).

10 g KH

Zu den Zwiebelsteaks passen auch: Petersilienwurzelpüree (Seite 66), Selleriepüree (Seite 99) und Blumenkohlpüree (Seite 78). Die Topinambur-„Bratkartoffeln“ passen auch zu Spiegeleiern, den mediterran gewürzten Frikadellen (Seite 65), Lammfilets (Seite 93) und Koteletts (Seite 78).

ZWIEBELSTEAKS MIT TOPINAMBUR-„BRATKARTOFFELN“

FÜR 2 PORTIONEN

Für die Zwiebelsteaks
2 Rumpsteaks (à 230 g, 3 cm dick)
150 g weiße Zwiebeln
4–5 Stängel glatte Petersilie (7 g)
2 EL Olivenöl
Salz
schwarzer Pfeffer aus der Mühle

Für die Topinambur-„Bratkartoffeln“
350 g Topinambur (geputzt 280 g)
1 ½ EL Olivenöl
Salz
schwarzer Pfeffer aus der Mühle
½–1 TL Paprika Delikatess
(ersatzweise Paprika edelsüß)

ZUBEREITUNGSZEIT *50 Minuten + 10 Minuten Garen*
NÄHRWERTE PRO PORTION *602 kcal (37 g F // 56 g EW // 10 g KH)*

Zwiebelsteaks Die **Rumpsteaks** aus dem Kühlschrank nehmen, trocken tupfen und den Fettrand mit einem scharfen Messer mehrfach einschneiden. Die Steaks etwa 30 Minuten Zimmertemperatur annehmen lassen. // Den Backofen auf 120 °C Ober-/Unterhitze vorheizen. Einen Rost in die Mitte schieben und ein mit Backpapier ausgelegtes Blech darunterschieben. Die **Zwiebeln** schälen, längs halbieren und quer in dünne Halbringe schneiden. Die **Petersilie** abbrausen, trocken tupfen und hacken.

Topinambur-„Bratkartoffeln“ Die **Topinambur-Knollen** gründlich waschen, schälen und in 3 mm dicke Scheiben hobeln.

Zwiebelsteaks Eine Pfanne erhitzen, 1 EL **Öl** darin erhitzen. Die Steaks **salzen** und auf jeder Seite 1 ½ Minuten scharf anbraten. Die Steaks **pfeffern,** auf den Backofenrost legen und im vorgeheizten Ofen 7–10 Minuten fertig garen. Den gewünschten Garpunkt durch Drücken prüfen. Steaks herausnehmen, in Alufolie wickeln und etwa 5 Minuten ruhen lassen. // Die Pfanne mit dem verbliebenen Öl erneut erhitzen, 1 EL **Öl** dazugeben. Die Zwiebeln darin bei mittlerer Hitze unter häufigem Wenden goldgelb bis goldbraun und weich braten. Mit **Salz** und **Pfeffer** würzen. Die Hälfte der Petersilie untermischen. Warm halten.

Topinambur-„Bratkartoffeln“ In einer zweiten Pfanne das **Öl** erhitzen. Die Topinambur-Scheiben nebeneinander hineinlegen und 2 Minuten bei großer Hitze anbraten. Die Temperatur auf mittlere Hitze reduzieren, Topinambur weitere 2 Minuten braten, dann wenden. Nochmals 3–4 Minuten braten, bis die Scheiben außen goldbraun und innen weich sind. Mit **Salz, Pfeffer** und **Paprika** würzen.

Zwiebelsteaks Das Fleisch aus den Folien nehmen und den entstandenen Fleischsaft zu den Zwiebeln geben. Die Steaks mit dem Topinambur auf vorgewärmten Tellern anrichten, die Zwiebeln auf dem Fleisch verteilen.

NÄHRWERTE UND ZUBEREITUNGSZEITEN
separat und pro Portion

Zwiebelsteaks
458 kcal (26 g F // 53 g EW // 4 g KH)
35 Minuten + 10 Minuten Garen

Topinambur-„Bratkartoffeln“
145 kcal (12 g F // 4 g EW // 6 g KH)
25 Minuten

KOTELETTS MIT PETERSILIEN-BUTTER-SAUCE UND BLUMENKOHLPÜREE

FÜR 2 PORTIONEN

Für die Koteletts
2 Schweinenacken-Koteletts (à 180 g; ohne Knochen à ca. 150 g)
1 EL Olivenöl
Salz
schwarzer Pfeffer aus der Mühle
½–1 Bund glatte Petersilie (20 g)
100 ml Fleischbrühe
20 g kalte Butter

Für das Blumenkohlpüree
½ kleiner Blumenkohl (350 g Röschen ohne Strunk und Stiele)
Salz
60 g Frischkäse (Doppelrahmstufe)
1 TL LC-Leinsamenmehl (3 g)
weißer Pfeffer aus der Mühle (0,5 g)
1 Msp. Cayenne
Muskatnuss

ZUBEREITUNGSZEIT *40 Minuten*
NÄHRWERTE PRO PORTION *492 kcal (35 g F // 38 g EW // 6,5 g KH)*

Koteletts Die **Koteletts** aus dem Kühlschrank nehmen und Raumtemperatur annehmen lassen. Den Backofen auf 100 °C Ober-/Unterhitze vorheizen. Den Rost in die Mitte schieben, darunter ein mit Backpapier ausgelegtes Blech schieben. Den Fettrand der Koteletts einschneiden. Das Fleisch trocken tupfen und in einer Pfanne im heißen **Öl** von jeder Seite bei gut mittlerer Hitze 1–2 Minuten anbraten. **Salzen** und **pfeffern.** Die Koteletts auf den Backofenrost legen (die Pfanne für die Buttersauce beiseitestellen) und die Koteletts im Ofen etwa 15 Minuten rosig fertig garen. In Alufolie wickeln und bis zum Anrichten ruhen lassen.

Blumenkohlpüree Inzwischen die **Blumenkohlröschen** waschen und in gleichmäßig große Stücke schneiden. Über Dampf etwa 12 Minuten sehr weich garen. Abgießen, ausdampfen lassen und etwas **salzen.** Mit dem Stabmixer sehr fein pürieren. Den **Frischkäse** zugeben und das Püree nochmals durchmixen. Das **Leinmehl** einrühren und kurz binden lassen. // Mit **Pfeffer, Cayenne,** frisch geriebener **Muskatnuss** und eventuell etwas **Salz** abschmecken.

Koteletts Für die Buttersauce die **Petersilie** abbrausen, trocken tupfen und fein hacken. Den Bratansatz der Koteletts mit der **Brühe** loskochen, die Pfanne vom Herd nehmen, die kalte **Butter** in Stückchen unterschlagen. // Die Koteletts aus der Folie nehmen und den entstandenen Fleischsaft zur Sauce geben. Die Petersilie untermischen. // Die Koteletts mit dem Püree anrichten, die Sauce darüberlöffeln.

NÄHRWERTE UND ZUBEREITUNGSZEITEN
separat und pro Portion

Schweinekoteletts
369 kcal (27 g F // 32 g EW // 1,5 g KH)
25 Minuten + 15 Minuten Garen

Blumenkohlpüree
123 kcal (8 g F // 6 g EW // 5 g KH)
20 Minuten

Zu den Koteletts passen das Petersilienwurzelpüree (Seite 66), die Thymian-Mandel-„Polenta“ (Seite 69), die grünen Pestobohnen (Seite 86) und das Zucchini-Avocado-Gemüse (Seite 62). Das Püree passt hervorragend zu allen Fleischgerichten, zum Beispiel zum Schweinefilet in Pancetta (Seite 74), zum Entrecôte (Seite 62), zu den Zwiebelsteaks (Seite 77) und zum Geschnetzelten aus Schweinefilet (Seite 81).

6,5 g KH

9,5 g KH

Zum Geschnetzelten passen auch die Mandelgnocchi (Seite 120), der Safran-Kohlrabi-„Reis“ (Seite 107), die Topinambur-„Bratkartoffeln“ (Seite 77) oder das Selleriepüree (Seite 99).
Die Semmelknödel passen zum Blattspinat mit Safran-Sahne-Sauce (Seite 136), zur Pilzpfanne (Seite 144) und zu den Koteletts mit Petersilien-Butter-Sauce (Seite 78).

GESCHNETZELTES AUS SCHWEINEFILET MIT SEMMELKNÖDELN

FÜR 2 PORTIONEN

Für das Geschnetzelte
330 g Schweinefilet (pariert 300 g)
2 Schalotten (60 g)
2 Stängel glatte Petersilie (3 g)
25 g Butter
60 ml Noilly Prat
100 ml Fleischbrühe
100 g Sahne
Salz
Vanillepfeffer (Seite 183) oder schwarzer Pfeffer aus der Mühle
¼ TL Paprika Delikatess (ersatzweise Paprika edelsüß)
Cayenne
½ TL abgeriebene Schale einer Biozitrone
1 EL Butterschmalz (15 g)
40 g Frischkäse (Doppelrahmstufe)

Für die Semmelknödel
3–4 Scheiben Quarkbrot (Seite 21; etwa 150 g, entrindet 100 g)
4 EL Kaffeesahne (10 % Fett)
2 Schalotten (60 g)
20 g Butter
7–10 Stängel glatte Petersilie (15 g)
2 Eier (S, 100 g)
Salz
schwarzer Pfeffer aus der Mühle
Muskatnuss
½–1 TL abgeriebene Schale einer Biozitrone
30 g gemahlene Flohsamenschalen

ZUBEREITUNGSZEIT *50 Minuten*
NÄHRWERTE PRO PORTION *898 kcal (69 g F // 53 g EW // 9,5 g KH)*

Geschnetzeltes Das **Schweinefilet** von Häuten und Sehnen befreien (parieren) und trocken tupfen. Längs halbieren, dann quer in knapp 1 cm dicke Scheibchen schneiden. Die **Schalotten** schälen und fein würfeln. Die **Petersilie** abbrausen, trocken tupfen und fein hacken.
Semmelknödel Das **Brot** am besten über Nacht an der Luft trocknen lassen oder zwei- bis dreimal sanft toasten und zwischendurch jeweils abkühlen lassen. Das Brot soll dabei nicht gebräunt werden. Die Brotscheiben entrinden und klein würfeln. // Die Brotwürfel in eine Schüssel geben, mit der **Kaffeesahne** beträufeln, leicht durchkneten und ziehen lassen. Inzwischen die **Schalotten** schälen, fein würfeln und in der **Butter** sanft anschwitzen. Die **Petersilie** abbrausen, trocken tupfen und hacken. // Die **Eier** verquirlen, mit **Salz, Pfeffer** und **Muskatnuss** würzen. Brotwürfel, Schalotten, **Zitronenschale** und Petersilie zugeben und gut vermengen. Die **Flohsamenschalen** darüberstreuen, die Masse durchkneten und etwa 3 Minuten stehen lassen, damit sich die Zutaten gut verbinden. Nochmals abschmecken und aus der Masse sechs bis acht gleich große Knödel formen. // Einen Dämpfeinsatz mit Backpapier auslegen, darauf die Knödel verteilen. So viel Wasser in einen Topf geben, dass es den Einsatz nicht berührt. Das Wasser aufkochen, den Einsatz einhängen. Die Knödel abgedeckt 12–15 Minuten dämpfen.
Geschnetzeltes Inzwischen die Schalotten in der **Butter** farblos anschwitzen, mit **Noilly Prat** ablöschen. Die **Brühe** angießen, aufkochen und auf die Hälfte reduzieren. Die **Sahne** angießen, aufkochen und etwas einkochen. Mit **Salz, Pfeffer, Paprika, Cayenne** und **Zitronenschale** abschmecken. // Eine schwere Pfanne erhitzen, das **Butterschmalz** hineingeben und ebenfalls erhitzen. Das Fleisch darin unter Rühren 2 Minuten scharf anbraten. **Salzen, pfeffern** und in die Sauce geben. Etwa 5 Minuten darin ziehen lassen. Die Sauce darf keinesfalls kochen. // Den **Frischkäse** einrühren, das Geschnetzelte nochmals abschmecken und die Petersilie untermischen. // Mit den Semmelknödeln anrichten.

NÄHRWERTE UND ZUBEREITUNGSZEITEN
separat und pro Portion

Geschnetzeltes
560 kcal (42 g F // 36 g EW // 4 g KH)
30 Minuten

Semmelknödel
338 kcal (27 g F // 17 g EW // 5,5 g KH)
40 Minuten

PIZZA BOLOGNESE

FÜR 2 PORTIONEN

Für die Bolognesesauce
75 g Bacon
1 kleine rote Zwiebel (50 g)
1 Stange Sellerie (50 g)
1 mittelgroße Petersilienwurzel (50 g)
125 g gemischtes Hackfleisch
2 EL Olivenöl
20 g Tomatenmark
1 Dose stückige Tomaten (400 g)
1 TL Sambal Oelek (5 g)
Salz
schwarzer Pfeffer aus der Mühle

Für den Pizzaboden
75 g Frischkäse (Doppelrahmstufe)
2 Eier (M, 220 g)
2 EL weißes LC-Mandelmehl (15 g)
¼ TL Backpulver
20 g frisch geriebener Parmesan

Zum Bestreuen
30 g frisch geriebener pikanter Cheddar oder Gouda
Basilikumblättchen zum Bestreuen

ZUBEREITUNGSZEIT *45 Minuten + 35 Minuten Backen*
NÄHRWERTE PRO PORTION *758 kcal (60 g F // 42 g EW // 11 g KH)*

Bolognese **Bacon** klein schneiden und in einem Topf ohne Fett etwa 10 Minuten langsam auslassen. // Inzwischen die **Zwiebel** schälen und klein würfeln. Den **Sellerie** putzen, entfädeln, waschen und 3–4 mm klein würfeln. Die **Petersilienwurzel** schälen, waschen und ebenso klein würfeln. // Den ausgelassenen Speck aus dem Topf nehmen, das **Hackfleisch** in dem Speckfett unter Rühren anbraten, bis es braun und krümelig ist. Herausnehmen. // Das **Öl** in den Topf geben, die Zwiebeln darin glasig anschwitzen. Petersilienwurzeln zugeben und unter Rühren 12 Minuten andünsten. Den Stangensellerie zugeben, ebenfalls kurz andünsten. Das **Tomatenmark** zugeben, unter Rühren anrösten, bis es duftet, mit den **Dosentomaten** ablöschen. Aufkochen, Hackfleisch und Speck zugeben und die Sauce abgedeckt mindestens 30 Minuten bei geringer Hitze köcheln lassen. **Sambal Oelek** einrühren und die Sauce mit **Salz** und **Pfeffer** würzen.

Pizzaboden Inzwischen den Backofen auf 180 °C Ober-/Unterhitze vorheizen. **Frischkäse** und **Eier** mit den Quirlen des Handmixers glatt verrühren. Das **Mandelmehl** mit dem **Backpulver** mischen und unter Rühren zugeben. Den fein geriebenen **Parmesan** untermischen. // Eine runde Silikonform (26 cm Durchmesser) kalt ausspülen. Den relativ flüssigen Teig einfüllen und die Form leicht schwenken, damit sich der Teig gleichmäßig verteilt. Im vorgeheizten Ofen 20–22 Minuten backen, bis der Boden goldgelb bis goldbraun gebacken ist. // Den Pizzaboden aus der Form nehmen und mit der Bolognesesauce bestreichen. Den **Cheddar** darauf verteilen. Die Pizza im Ofen bei weiterhin 180 °C Ober-/Unterhitze 12–15 Minuten fertig backen, bis der Boden knusprig und der Käse zerlaufen ist. Vor dem Servieren mit **Basilikum** bestreuen.

NÄHRWERTE UND ZUBEREITUNGSZEITEN
separat und pro Portion

Bolognesesauce
446 kcal (36 g F // 21 g EW // 9 g KH)
35 Minuten + 30 Minuten Garen

Pizzaboden
251 kcal (19 g F // 17 g EW // 2 g KH)
40 Minuten

Die Sauce passt auch zu den Mandelgnocchi (Seite 120), den Mandel-Parmesan-Klößchen (Seite 136) und den Semmelknödeln (Seite 81). Man kann sie auch mit Shiratakinudeln, gedämpftem Blumenkohl oder solo mit dem Fladenbrot (Seite 46) und einem grünen Salat servieren. Tipp: Man kann den Pizzaboden auch wie das Sandwichbrot (Seite 46) belegen oder in Streifen schneiden und zum Dippen verwenden.

Zu den Lammlachsen passen auch die Topinambur-„Bratkartoffeln" (Seite 77), der gebratene Sellerie (Seite 65) oder die grüne „Polenta" (Seite 124). Der Stampf passt auch zu den confierten Eigelben (Seite 124), den mediterranen Frikadellen (Seite 65), den Lammfilets (Seite 93), dem Rotbarsch (Seite 111), den Koteletts mit Petersilien-Butter-Sauce (Seite 78) oder zum Blattspinat (Seite 136).

9,5 g KH

GEKRÄUTERTE LAMMLACHSE MIT OLIVEN-SELLERIE-STAMPF

FÜR 2 PORTIONEN

Für das Fleisch
2–3 Knoblauchzehen (7 g)
5–6 Stängel Thymian (4 g)
4–5 Stängel Rosmarin (4 g)
2–3 Salbeiblätter (2 g)
3 EL Olivenöl
2 Streifen Lammlachse (küchenfertig; zusammen 350 g)
Salz
schwarzer Pfeffer aus der Mühle
100 g Schalotten (geputzt 80 g)
100 ml trockener Weißwein
100 ml Fleisch- oder Gemüsebrühe
Cayenne

Für den Oliven-Sellerie-Stampf
1 kleine Sellerieknolle (etwa 600 g, geschält 450 g)
3 EL Olivenöl
20 g schwarze Oliven
Salz
weißer oder schwarzer Pfeffer aus der Mühle
Muskatnuss

NÄHRWERTE UND ZUBEREITUNGSZEITEN
separat und pro Portion

Lammlachse
457 kcal (29 g F // 37 g EW // 4 g KH)
25 Minuten + 3–8 Stunden Marinieren + 25 Minuten Garen

Oliven-Sellerie-Stampf
247 kcal (23 g F // 4 g EW // 5,5 g KH)
20 Minuten + 20 Minuten Dünsten

ZUBEREITUNGSZEIT *45 Minuten + 2–3 Stunden (oder über Nacht) Marinieren*
NÄHRWERTE PRO PORTION *704 kcal (52 g F // 41 g EW // 9,5 g KH)*

Lammlachse Die Hälfte des **Knoblauchs** schälen und hacken. Die Hälfte der **Kräuter** abbrausen, trocken tupfen und fein hacken. Knoblauch und Kräuter mit 2 EL **Öl** zu einer Marinade mischen. Die **Lammlachse** kalt abspülen, trocken tupfen und mit der Marinade in einen Zip-Beutel geben. Die Luft herausdrücken, den Beutel gründlich durchkneten, damit sich die Marinade gut verteilt. Das Fleisch 2–3 Stunden oder über Nacht im Kühlschrank marinieren. // Den Backofen auf 180 °C Ober-/Unterhitze vorheizen. Zwei genügend große Stücke Alufolie vorbereiten. Das Fleisch aus dem Beutel nehmen, die Marinade abkratzen, aber nicht wegwerfen. Eine Pfanne, am besten eine Grillpfanne, mit 1 TL **Öl** einstreichen und stark erhitzen. Die Lammlachse von jeder Seite 2–3 Minuten scharf anbraten, herausnehmen und den Bratensatz mit 2–3 EL Wasser ablösen. // Auf jede Folie einen Lammlachs legen. Das Fleisch **salzen, pfeffern** und mit dem gelösten Bratensatz und der restlichen Marinade bestreichen. Die Folie der Länge nach oben zusammennehmen und mehrfach falten, dann die Enden falten und etwas nach oben biegen, damit keine Flüssigkeit austreten kann. Die Päckchen im vorgeheizten Ofen auf den Rost legen und das Fleisch etwa 25 Minuten garen. Es soll innen noch rosig sein.

Oliven-Sellerie-Stampf Inzwischen den Oliven-Sellerie-Stampf vorbereiten. Dazu den **Sellerie** schälen und in etwa 2 cm große Würfel schneiden. Im heißen **Öl** sanft anschwitzen und 10 Minuten bei mittlerer Hitze unter häufigem Wenden farblos anbraten. Einen Deckel auflegen, die Temperatur reduzieren und den Sellerie weitere 20 Minuten weich dünsten. Inzwischen die **Oliven** vom Stein schneiden und hacken. // Den weichen Sellerie aus der Pfanne nehmen und mit einem Kartoffelstampfer relativ grob zerstampfen. Mit **Salz, Pfeffer** und frisch geriebener **Muskatnuss** würzen, die Oliven unterheben. Im Ofen warm halten.

Lammlachse Die restlichen **Kräuter** abbrausen, trocken tupfen und fein hacken. **Schalotten** und restlichen **Knoblauch** schälen und in den restlichen 2 TL **Öl** glasig anschwitzen. Mit dem **Wein** ablöschen, aufkochen und etwas einkochen lassen. Die **Brühe** angießen, wieder etwas reduzieren. Mit **Salz, Pfeffer** und **Cayenne** würzen. // Die Lammlachse aus den Folien nehmen, den entstandenen Fleischsaft zur Sauce geben. Die Lachse mit dem Püree auf vorgewärmten Tellern anrichten, mit der Sauce beträufeln und mit den Kräutern bestreuen.

HÜFTSTEAKS UND GRÜNE PESTOBOHNEN

FÜR 2 PORTIONEN

Für die Steaks
2 Hüftsteaks (à 160 g, etwa 3 cm dick)
Flockensalz
30 g Butterschmalz
schwarzer Pfeffer aus der Mühle
Für das Pesto
½ Topf Basilikum (15 g)
1–2 Knoblauchzehen (5 g)
20 g Mandelblättchen
2 EL Olivenöl
3–5 EL frisch geriebener Parmesan (15 g)
Flockensalz
schwarzer oder grüner Pfeffer aus der Mühle
Für die Bohnen
300 g grüne Bohnen (geputzt etwa 250 g)
Salz

ZUBEREITUNGSZEIT *45 Minuten*
NÄHRWERTE PRO PORTION *585 kcal (42 g F // 43 g EW // 8,5 g KH)*

Steaks Die **Steaks** 30 Minuten vor der Zubereitung aus dem Kühlschrank nehmen und Zimmertemperatur annehmen lassen.
Pesto Die **Basilikumblättchen** abzupfen, abbrausen und trocken tupfen. Einige Basilikumblättchen zum Bestreuen beiseitelegen, den Rest grob hacken. Den **Knoblauch** schälen und grob hacken. Die **Mandelblättchen** in einer Pfanne ohne Fett goldgelb rösten, abkühlen lassen und etwas hacken oder im Mörser zerdrücken. Alles in den Blitzhacker geben und nicht allzu fein zerkleinern. Das **Öl** und danach den **Käse** untermischen. Das Pesto mit wenig **Salz** und reichlich **Pfeffer** würzen.
Steaks Den Backofen auf 150 °C Ober-/Unterhitze vorheizen. Eine kleine ofenfeste Form für die Steaks hineinstellen. Die Steaks direkt vor dem Braten nur **salzen** und in dem heißen **Butterschmalz** von jeder Seite etwa 1 ½ Minuten anbraten. **Pfeffern,** in die Form im Ofen legen und etwa 10 Minuten fertig garen. Herausnehmen, locker in Alufolie wickeln und 5 Minuten ruhen lassen.
Bohnen Inzwischen die **Bohnen** putzen, waschen und nach Belieben halbieren oder dritteln. Die Bohnen in einen Dämpfeinsatz oder ein Sieb legen und über kochendem **Salzwasser** etwa 12 Minuten bissfest garen. Noch heiß mit dem Pesto mischen und mit den beiseitegelegten Basilikumblättchen bestreuen. // Die Steaks mit den Bohnen anrichten.

NÄHRWERTE UND ZUBEREITUNGSZEITEN
separat und pro Portion

Hüftsteaks
315 kcal (20 g F // 34 g EW // 0 g KH)
10 Minuten + 10 Minuten Garen

Pesto
229 kcal (22 g F // 5 g EW // 2 g KH)
10 Minuten

Bohnen mit dem Pesto
269 kcal (23 g F // 8 g EW // 8,5 g KH)
20 Minuten + 12 Minuten Garen

Zu dem Steak passen auch der Blattspinat (Seite 136), der Brokkoli-Avocado-Stampf (Seite 116), das Tomatengemüse „Pizzaiola" (Seite 111), die Topinambur-„Bratkartoffeln" (Seite 77) und der gebratene Sellerie (Seite 65).
Die Bohnen mit dem Pesto passen auch zu den mediterran gewürzten Frikadellen (Seite 65), zum Schweinefilet in Pancetta (Seite 74) und zu jeder anderen Art von Steaks.

8 g KH

Zu den Lammhackbällchen passen auch die Mandelgnocchi (Seite 120), die Blumenkohl-Chia-„Polenta" (Seite 103), die Mandel-Parmesan-Klößchen (Seite 136) und Semmelknödel (Seite 81). Der Couscous passt zu den grünen Pestobohnen (Seite 86), zum Tomatengemüse „Pizzaiola" (Seite 111), zum Blattspinat (Seite 136) und zum Zucchini-Avocado-Gemüse (Seite 62).

LAMMHACKBÄLLCHEN IN ROTWEINSAUCE MIT „COUSCOUS" AUS SOJA

FÜR 2 PORTIONEN

Für die Lammhackbällchen
4–5 Stängel glatte Petersilie (7 g)
2 TL Salzkapern (10 g)
1 Schalotte (30 g)
250 g Lammhack (aus der Schulter)
1 Ei (M, 55 g)
40 g gemahlene braune Mandeln
Salz
schwarzer Pfeffer aus der Mühle
½–1 TL Guarkernmehl (eventuell etwas mehr)
2 EL Olivenöl
25 g Tomatenmark
125 ml trockener Rotwein
125 ml Fleischbrühe

Für den „Couscous"
80 g Sojaflocken
1 Schalotte (30 g)
200 ml Hühner- oder Gemüsebrühe
1–2 Msp. Safranfäden
Salz
1 ½ EL Olivenöl
½–1 Bund glatte Petersilie (20 g)
25 g frisch geriebener Parmesan
schwarzer Pfeffer aus der Mühle
Cayenne

NÄHRWERTE UND ZUBEREITUNGSZEITEN
separat und pro Portion

Lammhackbällchen in Rotweinsauce
549 kcal (38 g F // 34 g EW // 5 g KH)
30 Minuten + 15–20 Minuten Garen

„Couscous" aus Soja
301 kcal (23 g F // 20 g EW // 3 g KH)
30 Minuten

ZUBEREITUNGSZEIT *45 Minuten*
NÄHRWERTE PRO PORTION *850 kcal (61 g F // 54 g EW // 8 g KH)*

Lammhackbällchen Die **Petersilie** abbrausen und trocken tupfen. Einige Blättchen ganz lassen und beiseitelegen, den Rest hacken. Die **Salzkapern** hacken. Die **Schalotte** schälen und fein würfeln. // Das **Lammhack** mit **Ei** und **Mandeln** vermischen und mit **Salz** und **Pfeffer** würzen. Petersilie und Kapern untermischen. ½ TL **Guarkernmehl** darüberstäuben und gründlich untermischen. Die Masse durchkneten und abwarten, ob sie ausreichend gebunden ist. Eventuell etwas mehr **Guarkernmehl** verwenden. // Aus der Fleischmasse 16 bis 20 Bällchen formen. In einer tiefen Pfanne das **Öl** erhitzen und die Bällchen darin rundherum nicht zu scharf anbraten. Herausnehmen und die Schalotte in dem Bratfett anschwitzen. Das **Tomatenmark** unter Rühren darin anrösten, mit **Rotwein** und **Brühe** ablöschen. Die Fleischbällchen zurück in die Pfanne geben und abgedeckt bei geringer Hitze 15–20 Minuten in der Sauce garen.

„Couscous" Inzwischen für den „Couscous" die **Sojaflocken** im Blitzhacker zerkleinern, bis sie wie grober Grieß aussehen. Die **Schalotte** schälen und fein hacken. Die **Brühe** erhitzen. Die **Safranfäden** im Mörser mit einer Prise **Salz** fein zerreiben und in die Brühe einrühren. // Die Schalotte im **Öl** glasig anschwitzen, den Soja-„Grieß" zugeben und unter Rühren etwa 2 Minuten anrösten, dann mit der Safranbrühe ablöschen. Aufkochen, die Hitze reduzieren und den Soja-„Grieß" abgedeckt 6–7 Minuten köcheln lassen. Inzwischen die **Petersilie** abbrausen, trocken tupfen und hacken. // Den „Couscous" weitere 5–6 Minuten ohne Deckel und unter häufigem Rühren köcheln lassen, bis die Flüssigkeit nahezu eingekocht und der „Couscous" weich, aber noch bissfest ist. Den **Parmesan** untermischen und den „Couscous" mit **Salz, Pfeffer** und **Cayenne** abschmecken. Die Petersilie unterheben.

Lammhackbällchen Zur Bindung der Rotweinsauce nach Belieben etwas **Guarkernmehl** einrühren. Die Sauce nochmals abschmecken, mit den beiseitegelegten Petersilienblättchen bestreuen und mit dem „Couscous" servieren.

FLANKSTEAK MIT THYMIAN-PFEFFER-BUTTER

FÜR 2 PORTIONEN

Für das Steak
1 Stück Flanksteak (etwa 350 g, 2–2,5 cm dick)
1 EL Rapsöl
1 TL Paprika Delikatess (ersatzweise Paprika edelsüß)
je ½ TL Zwiebelpulver und gemahlener Cumin
je ¼ TL Räucherpaprika (Pimentón de la Vera) und Knoblauchpulver
1 gute Msp. Cayenne
schwarzer Pfeffer aus der Mühle
2 TL Butterschmalz (10 g)
Salz

Für die Thymian-Pfeffer-Butter
60 g weiche Butter
Salz
abgeriebene Schale und Saft von ¼ Biozitrone
6 Stängel Thymian
2 Stängel glatte Petersilie (4 g)
1 TL eingelegter grüner Pfeffer (5 g)

ZUBEREITUNGSZEIT *15 Minuten + 30 Minuten Marinieren + 20 Minuten Garen*
NÄHRWERTE PRO PORTION *682 kcal (52 g F // 49 g EW // 1 g KH)*

Steak Das **Fleisch** 30 Minuten vor der Zubereitung aus dem Kühlschrank nehmen und trocken tupfen. Mit dem **Öl** dünn einstreichen. Die **Gewürze** mit dem **schwarzen Pfeffer** mischen und das Fleisch damit von allen Seiten einreiben. // Den Backofen auf 100–110 °C Ober-/Unterhitze vorheizen. Einen Rost in die Mitte des Ofens schieben und darunter ein mit Backpapier ausgelegtes Blech schieben. // Eine schwere Pfanne stark erhitzen. Das **Butterschmalz** darin sehr heiß werden lassen. Testweise einen Tropfen Wasser hineingeben. Es muss deutlich zischen. // Das Fleisch **salzen** und von jeder Seite 1 Minute scharf anbraten. Das Steak auf den Rost im Backofen legen und noch etwa 20 Minuten im Ofen garen.

Thymian-Pfeffer-Butter Die weiche **Butter** mit **Salz, Zitronenschale** und **Zitronensaft** schaumig rühren. **Kräuter** abbrausen, trocken tupfen und hacken. **Pfeffer** ebenfalls abbrausen, trocken tupfen und hacken. Beides unter die Butter mischen.

Steak Das Fleisch aus dem Ofen nehmen, in Alufolie wickeln und 5 Minuten ruhen lassen. // Quer zur Faser aufschneiden und mit der Butter servieren.

NÄHRWERTE UND ZUBEREITUNGSZEITEN
separat und pro Portion

Flanksteak
451 kcal (27 g F // 49 g EW // 0 g KH)
15 Minuten + 30 Minuten Marinieren + 20 Minuten Garen

Thymian-Pfeffer-Butter
231 kcal (25 g F // 0 g EW // 1 g KH)
10 Minuten

Zum Flanksteak passen der Oliven-Sellerie-Stampf (Seite 85), der Brokkoli-Avocado-Stampf (Seite 116), der gebratene Sellerie (Seite 65), die Topinambur-„Bratkartoffeln“ (Seite 77) und der Pfannenspargel (Seite 74).
Die Butter passt zu jeder Art von Steak, zu gedünstetem oder gedämpftem Gemüse und als Brotaufstrich.

8 g KH

Zum Lammfilet passen auch Petersilienwurzelpüree (Seite 66), Oliven-Sellerie-Stampf (Seite 85), Safran-Kohlrabi-„Reis“ (Seite 107) oder Avocado-Zucchini-Püree (Seite 108). Das Püree passt auch zu Lammlachsen (Seite 85), Garnelen (Seite 107), Rotbarsch (Seite 111), Zitronenhähnchen (Seite 69) und zu den meisten Steaks.

LAMMFILETS MIT AUBERGINEN-THYMIAN-PÜREE

FÜR 2 PORTIONEN

Für die Lammfilets
4 Lammfilets (à 60 g)
2 TL Knoblauchöl oder 2 TL Olivenöl und 1 fein zerdrückte Knoblauchzehe
1 TL Olivenöl
1 EL Butter (15 g)
Salz
schwarzer Pfeffer aus der Mühle

Für das Auberginen-Thymian-Püree
2 Auberginen (à 250 g; geputzt 400 g Fruchtfleisch)
Salz
1–2 Knoblauchzehen (5 g)
1 Biozitrone
6–7 Stängel Thymian (7 g)
½ Bund glatte Petersilie (15 g)
2 EL Olivenöl
40 g Mandelmus
schwarzer Pfeffer aus der Mühle
Cayenne

ZUBEREITUNGSZEIT *60 Minuten*
NÄHRWERTE PRO PORTION *554 kcal (45 g F // 30 g EW // 8 g KH)*

Lammfilets Das Fleisch möglichst schon 2–3 Stunden vorher vorbereiten: Die **Lammfilets** von Häuten und Sehnen befreien (parieren) und trocken tupfen. Mit dem **Knoblauchöl** einstreichen und abgedeckt bis 30 Minuten vor der Verwendung im Kühlschrank marinieren.

Auberginen-Thymian-Püree Den Backofen auf 200 °C Oberhitze vorheizen. Die **Auberginen** waschen, trocken reiben und quer in gut 1 cm dicke Scheiben schneiden. In einen Durchschlag geben, kräftig **salzen** und 10 Minuten stehen lassen. // Inzwischen den **Knoblauch** schälen und hacken. Die **Zitrone** heiß waschen und trocken reiben. 1 TL Schale abreiben, 2 EL Saft auspressen. Die **Kräuter** abbrausen und trocken tupfen. Zwei Thymianzweige beiseitelegen, den Rest hacken. // Die Auberginen kurz abbrausen und mit Küchenpapier ausdrücken. Auf ein mit Backpapier ausgelegtes Blech legen und mit dem **Öl** einpinseln. Die Grillfunktion zuschalten, die Auberginen im Ofen 10 Minuten backen, dabei ein- bis zweimal wenden. Wenn die Auberginen weich sind, herausnehmen, locker in Alufolie einschlagen und 5 Minuten ruhen lassen. So bleibt die Feuchtigkeit in dem Gemüse. // Die Haut so weit wie möglich entfernen. Das Fruchtfleisch mit 1 EL Zitronensaft, Knoblauch und **Mandelmus** in einen Mixbecher geben und mit dem Stabmixer pürieren. Mit **Salz, Pfeffer** und **Cayenne** würzen, Kräuter und Zitronenschale untermischen. Nach Geschmack noch etwas Zitronensaft zugeben. Mit Thymianzweigen dekorieren.

Lammfilet Die Lammfilets aus dem Kühlschrank nehmen und Zimmertemperatur annehmen lassen. // Eine schwere Pfanne stark erhitzen, mit dem **Olivenöl** einstreichen. Die Filets darin 2 Minuten rundherum kräftig anbraten. Die Pfanne von der Herdplatte ziehen, die **Butter** zugeben und aufschäumen lassen. Die Lammfilets darin durchschwenken, **salzen** und **pfeffern.** // Die Lammfilets mit dem lauwarmen Püree anrichten.

NÄHRWERTE UND ZUBEREITUNGSZEITEN
separat und pro Portion

Lammfilet
247 kcal (18 g F // 23 g EW // 0 g KH)
15 Minuten + 3 Stunden Marinieren

Auberginen-Thymian-Püree
307 kcal (27 g F // 8 g EW // 8 g KH)
40 Minuten

LEICHT UND GESUND

FISCH

INFO

Auch in diesem Kapitel gibt es viele Möglichkeiten, die Beilagen und/oder die Fischgerichte untereinander auszutauschen: Die Zutatenlisten, Nährwerte und Zubereitungszeiten sind immer einzeln ausgewiesen. Selbstverständlich können Sie auch Ihren Lieblingsfisch mit einer Beilage aus dem Fleischkapitel oder mit einer vegetarischen Beilage kombinieren.

LACHS MIT HASELNUSSKRUSTE UND LAUCHGEMÜSE

FÜR 2 PORTIONEN

Für das Lauchgemüse
1–2 Stangen Lauch, davon nur das Weiße und Hellgrüne (350 g)
1 Schalotte (30 g)
2 TL Olivenöl
100 ml Gemüsebrühe
75 g Frischkäse (Doppelrahmstufe)
Salz
grüner Pfeffer aus der Mühle
Cayenne

Für den Lachs
1 Biozitrone
40 g gemahlene Haselnusskerne
30 g frisch geriebener Parmesan
50 g weiche Butter
Flockensalz
schwarzer Pfeffer aus der Mühle
2 Lachsfilets (à 180 g; aus der Mitte)

ZUBEREITUNGSZEIT *45 Minuten*
NÄHRWERTE PRO PORTION *768 kcal (60 g F // 47 g EW // 10 g KH)*

Lauchgemüse Den **Lauch** putzen, längs halbieren, sehr gründlich waschen und quer in 1 cm breite Stücke schneiden. Die **Schalotte** schälen und fein würfeln.
Lachs Den Backofen auf 200 °C Oberhitze vorheizen. Die **Zitrone** heiß waschen und trocken reiben. Die Schale abreiben und etwa 3 TL Saft auspressen. // Die **Haselnusskerne** mit dem Zitronensaft beträufeln. Mit **Parmesan,** Zitronenschale und 40 g **Butter** verrühren. Mit **Flockensalz** und **Pfeffer** würzen. // Den **Lachs** trocken tupfen, graues Fett und eventuelle Gräten entfernen. Eine ofenfeste Form mit 5 g **Butter** ausstreichen. Den Fisch **salzen** und in einer kleinen Pfanne in 5 g **Butter** 1–2 Minuten auf einer Seite anbraten, danach **pfeffern.**
Lauchgemüse Die Schalotte im **Öl** glasig anschwitzen, den Lauch zugeben und unter Rühren 2 Minuten andünsten. Die **Brühe** angießen, aufkochen und abgedeckt etwa 5 Minuten köcheln lassen. Den Deckel abnehmen und den Lauch weitere 3 Minuten kochen lassen, um die Flüssigkeit zu reduzieren. Den **Frischkäse** einrühren und so lange weiterkochen lassen, bis die gewünschte Konsistenz erreicht ist. Mit **Salz, Pfeffer** und **Cayenne** abschmecken.
Lachs Sobald der Lauch kocht, die Lachsfilets mit der angebratenen Seite nach unten in die Form setzen. Die Nusspaste auf den Filets verteilen und fest andrücken. Den Grill zuschalten und den Rost mit der Form ganz nach oben schieben. Den Fisch 5–8 Minuten grillen, bis die Kruste leicht bräunt und der Fisch gegart, aber innen noch glasig ist. // Den Fisch mit dem Gemüse anrichten.

NÄHRWERTE UND ZUBEREITUNGSZEITEN
separat und pro Portion

Lauchgemüse
193 kcal (16 g F // 6 g EW // 7 g KH)
25 Minuten

Lachs mit Haselnusskruste
575 kcal (44 g F // 41 g EW // 3 g KH)
30 Minuten

Das Lauchgemüse passt zu den mediterran gewürzten Frikadellen (Seite 65), zu Zander (Seite 115), Kabeljau (Seite 116) oder zu weich gekochten Eiern.
Zum Lachs passt auch Selleriepüree (Seite 99), Avocado-Zucchini-Püree (Seite 108) oder Blumenkohlpüree (Seite 78).

10 g KH

Das Püree passt auch zu den meisten Fleisch- und Fischgerichten in diesem Buch, zur Pilzpfanne (Seite 144) und zum Blattspinat mit Safran-Sahne-Sauce (Seite 136). Zur Dorade passt Safran-Kohlrabi-„Reis“ (Seite 107) oder die Thymian-Mandel-„Polenta“ (Seite 69).

8 g KH

DORADE MIT SELLERIEPÜREE

FÜR 2 PORTIONEN

Für den Fisch
5–7 Stängel glatte Petersilie (10 g)
1–2 Knoblauchzehen (5 g)
2 Frühlingszwiebeln (20 g)
1 Biolimette
2 EL Olivenöl
Salz
schwarzer Pfeffer aus der Mühle
1 große Dorade (küchenfertig vorbereitet, etwa 600 g, filetiert etwa 350 g)

Für das Selleriepüree
1 kleine Sellerieknolle (etwa 600 g, geputzt etwa 450 g)
3 EL Olivenöl
2–4 Stängel glatte Petersilie (5 g)
Salz
weißer oder schwarzer Pfeffer aus der Mühle
Muskatnuss

ZUBEREITUNGSZEIT *70 Minuten*
NÄHRWERTE PRO PORTION *636 kcal (50 g F // 38 g EW // 8 g KH)*

Fisch Die **Petersilie** abbrausen und trocken tupfen, die Blättchen grob hacken. Den **Knoblauch** schälen und hacken. Die **Frühlingszwiebeln** putzen, das Weiße hacken, das Grüne in Ringe schneiden und beiseitestellen. Die **Limette** heiß waschen und trocken reiben, 1 TL Schale abreiben, 2 TL Saft auspressen. // Petersilie, Knoblauch, Zwiebelweiß, Limettenschale und Limettensaft in einen Mörser geben und zerstampfen. 1 EL **Öl** zugeben, **salzen** und **pfeffern,** nochmals durchstampfen, das Zwiebelgrün untermischen. // Den Backofen auf 180 °C Ober-/Unterhitze vorheizen. **Dorade** kalt abspülen und trocken tupfen. Von innen **salzen.** Die Mischung in die Dorade füllen und den Fisch mit Zahnstochern verschließen. // Ein großes Stück Alufolie mit ½ EL **Olivenöl** bestreichen. Die Dorade mittig darauflegen und mit dem restlichen **Öl** bestreichen. Die Folie oben der Länge nach zusammennehmen und locker aufrollen, die Enden gut zusammendrücken und etwas nach oben biegen, damit keine Flüssigkeit ausläuft. // Die Dorade in der Folie in den Ofen auf den Rost legen und etwa 35 Minuten backen. Zur Garprobe an einer Flosse ziehen: Wenn sie sich leicht herausziehen lässt, ist der Fisch gar.

Selleriepüree Während der Fisch gart, den **Sellerie** schälen und in 2 cm große Würfel schneiden. Im **Öl** sanft anschwitzen und etwa 10 Minuten bei mittlerer Hitze unter häufigem Wenden farblos anbraten. Einen Deckel auflegen, die Temperatur reduzieren und den Sellerie weitere 20 Minuten weich dünsten. Inzwischen die **Petersilie** abbrausen, trocken tupfen und fein hacken. // Den weichen Sellerie aus der Pfanne nehmen und mit dem Stabmixer fein pürieren. Mit **Salz, Pfeffer** und **Muskatnuss** würzen. Mit der Petersilie bestreuen.

Fisch Den Fisch aus der Folie nehmen, die Haut abziehen und den Fisch filetieren. Mit dem Püree anrichten. Den Sud, der sich in der Folie gebildet hat, über das Selleriepüree träufeln.

NÄHRWERTE UND ZUBEREITUNGSZEITEN
separat und pro Portion

Dorade
389 kcal (27 g F // 34 g EW // 2,5 g KH)
35 Minuten + 35 Minuten Garen

Selleriepüree
247 kcal (23 g F // 4 g EW // 5,5 g KH)
45 Minuten

MANDELFISCH MIT SAFRAN-PEPERONATA

FÜR 2 PORTIONEN

Für den Mandelfisch
2 Rotbarschfilets (à 170 g)
1 ½ TL Zitronensaft
Salz
schwarzer Pfeffer aus der Mühle
3 EL Olivenöl
30 g gemahlene blanchierte Mandeln

Für die Safran-Peperonata
1 Msp. Safranfäden
Salz
2 TL Apfelessig
500 g gelbe Paprikaschoten (geputzt etwa 350 g)
4–5 Stängel Thymian (5 g)
2 EL Olivenöl
schwarzer Pfeffer aus der Mühle
¼ TL Ceylon-Zimt

ZUBEREITUNGSZEIT *45 Minuten*
NÄHRWERTE PRO PORTION *647 kcal (53 g F // 38 g EW // 7 g KH)*

Mandelfisch Den Backofen auf 80 °C Ober-/Unterhitze vorheizen. Eine ofenfeste Form oder einen großen Teller hineinstellen und mit erwärmen.

Safran-Peperonata Die **Safranfäden** mit einer Prise **Salz** im Mörser verreiben, mit dem **Essig** mischen und etwas ziehen lassen. **//** **Paprikaschoten** mit einem Tomatenschälmesser dünn schälen, halbieren, entkernen und in 2 × 2 cm große Stücke schneiden. **Thymian** abbrausen, die Blättchen abstreifen und hacken. **//** Die Paprikastücke im **Öl** unter regelmäßigem Rühren etwa 12 Minuten braten, **salzen** und **pfeffern.** Die Safran-Essig-Mischung unterrühren und mit etwas **Zimt** abschmecken. Mit dem Thymian bestreuen.

Mandelfisch Die **Fischfilets** kalt abspülen und trocken tupfen. Eventuelle Gräten entfernen. Die Filets mit dem **Zitronensaft** beträufeln und mit **Salz** und **Pfeffer** würzen. Mit ½ EL **Öl** einstreichen, die Hälfte der **Mandeln** darüberstreuen und fest andrücken. Die Filets umdrehen, die andere Seite ebenfalls mit ½ EL **Öl** bestreichen, die restlichen **Mandeln** darüberstreuen und andrücken. **//** Das restliche **Öl** in einer großen Pfanne erhitzen, die Fischfilets hineingeben und bei mittlerer Hitze 5–6 Minuten goldgelb braten, dabei ein- bis zweimal vorsichtig wenden. Danach auf den Teller im Ofen legen und etwa 4 Minuten nachgaren. **//** Den Fisch mit der Safran-Peperonata anrichten.

NÄHRWERTE UND ZUBEREITUNGSZEITEN
separat und pro Portion

Mandelfisch
474 kcal (37 g F // 36 g EW // 1 g KH)
25 Minuten

Safran-Peperonata
173 kcal (16 g F // 2 g EW // 6 g KH)
30 Minuten

7 g KH

Zum Fisch passen auch Blattspinat (Seite 136), Petersilienwurzelpüree (Seite 66) oder das Lauchgemüse (Seite 96).
Zur Peperonata passen – für feine vegetarische Kombinationen – auch die Thymian-Mandel-„Polenta“ (Seite 69), Petersilienwurzelpüree (Seite 66), Blumenkohlpüree (Seite 78) oder Avocado-Zucchini-Püree (Seite 108). Oder Kotelett (Seite 78), Lammfilet (Seite 93), Schweinefilet in Pancetta (Seite 74).

Zum Fisch passen auch Blumenkohlpüree (Seite 78), gebratener Sellerie (Seite 65), Petersilienwurzelpüree (Seite 66), Safran-Kohlrabi-„Reis“ (Seite 107), Sandwich- oder Fladenbrot (Seite 46).
Zur Blumenkohl-Chia-„Polenta“ passen Entrecôte (Seite 62), Lammfilet (Seite 93), Hüftsteak (Seite 86), Zander (Seite 115) oder einfach Spiegeleier.

12 g KH

SEELACHS
IN KRÄUTER-TOMATEN-MASCARPONE-SAUCE MIT BLUMENKOHL-CHIA-„POLENTA"

FÜR 2 PORTIONEN

Für die „Polenta"
125 ml Gemüsebrühe
1 EL Chiasamen (12 g)
1 kleine Schalotte (20 g)
4–5 Stängel glatte Petersilie (7 g)
1 Stück Blumenkohl (175 g)
2 EL Olivenöl
25 g gemahlene Mandeln
25 g frisch geriebener Parmesan
Salz
schwarzer Pfeffer aus der Mühle
Cayenne

Für den Fisch
1 größere Schalotte (35 g)
1 frisches Lorbeerblatt
5–7 Stängel glatte Petersilie (10 g)
3–4 Stängel Dill (5 g)
300 g Seelachsfilet
2 EL Olivenöl
20 g Tomatenmark
1 Dose Kirschtomaten in Tomatensauce (400 g; ersatzweise Pizzatomaten)
½ TL getrocknetes Bohnenkraut
½ TL getrockneter Thymian
50 g Mascarpone
Salz
schwarzer Pfeffer aus der Mühle

ZUBEREITUNGSZEIT *55 Minuten*
NÄHRWERTE PRO PORTION *699 kcal (54 g F // 41 g EW // 12 g KH)*

„Polenta" Die **Gemüsebrühe** erhitzen. Die **Chiasamen** in eine Schüssel geben und mit der heißen Brühe übergießen. Umrühren und bis zur Verwendung quellen lassen, dabei mehrmals umrühren. Die **Schalotte** schälen und fein würfeln. Die **Petersilie** abbrausen, trocken tupfen und fein hacken. Den **Blumenkohl** waschen, trocken tupfen und auf einer mittleren bis feinen Reibe kleinkrümelig reiben.
Fisch Für den Fisch die **Schalotte** schälen und fein würfeln. Das **Lorbeerblatt** in haarfeine Streifen, dann quer in winzige Stücke schneiden, die harte Blattader dabei entfernen. Die **Kräuter** abbrausen, trocken tupfen und hacken. Den **Fisch** kalt abbrausen, trocken tupfen und in mundgerechte Stücke schneiden. **//** Die Schalotte im **Öl** glasig anschwitzen. Das **Tomatenmark** zugeben und unter Rühren anrösten, mit den **Kirschtomaten** ablöschen. Lorbeer, **Bohnenkraut** und **Thymian** zugeben und die Sauce ohne Deckel leise köcheln lassen.
„Polenta" Die Schalotte im **Öl** glasig anschwitzen. Den Blumenkohl mit den **Mandeln** mischen, zu den Schalotten geben und unter Rühren kurz anrösten. Die Chiabrühe zugeben, unter Rühren aufkochen und bei gut mittlerer Hitze etwa 4 Minuten köcheln lassen, dabei gelegentlich umrühren.
Fisch Den **Mascarpone** in die Tomatensauce einrühren und die Sauce mit **Salz** und **Pfeffer** würzen. Den Fisch einlegen und 4 Minuten in der Sauce gar ziehen lassen, dabei ein- bis zweimal vorsichtig wenden.
„Polenta" **Parmesan** unter die „Polenta" heben und alles nochmals 1–2 Minuten köcheln lassen, bis die Flüssigkeit restlos verkocht und die Polenta weich, aber noch bissfest ist. Die Petersilie unterrühren und die „Polenta" mit **Salz, Pfeffer** und **Cayenne** abschmecken.
Fisch Die Hälfte der frischen Kräuter in die Tomatensauce rühren. Den Fisch mit der „Polenta" anrichten und mit den restlichen Kräutern bestreuen.

NÄHRWERTE UND ZUBEREITUNGSZEITEN
separat und pro Portion

Blumenkohl-Chia-„Polenta"
309 kcal (27 g F // 11 g EW // 4 g KH)
25 Minuten

Fisch
390 kcal (26 g F // 30 g EW // 8 g KH)
30 Minuten

MATJESTATAR MIT AVOCADO

FÜR 2 PORTIONEN

125 g Matjesfilets
30 g Cornichons
20 g grüne Oliven
2 TL Salzkapern (10 g)
6–8 Stängel Schnittlauch (5 g)
2–3 Stängel Dill (3 g)
50 g Frischkäse (Doppelrahmstufe)
1 TL Dijonsenf (5 g)
1 TL abgeriebene Schale einer Biozitrone
Salz
grüner Pfeffer aus der Mühle
½ große Avocado (75 g Fruchtfleisch)
1 TL Zitronensaft

ZUBEREITUNGSZEIT *20 Minuten*
NÄHRWERTE PRO PORTION *334 kcal (30 g F // 13 g EW // 3 g KH)*

Die **Matjesfilets** kalt abspülen und trocken tupfen. Eventuelle Gräten entfernen und die Filets in knapp 1 cm große Würfel schneiden. Die **Cornichons** abtropfen lassen und in etwa 0,5 cm große Würfel schneiden. Die **Oliven** vom Stein schneiden und fein hacken. Die **Salzkapern** fein hacken. Die **Kräuter** abbrausen und trocken tupfen. Den Schnittlauch in schmale Röllchen schneiden, die Dillspitzen fein hacken, etwas zur Deko beiseitelegen. Alle Zutaten miteinander vermengen. // Den **Frischkäse** mit dem **Senf** glatt rühren, die **Zitronenschale** untermischen. Mit **Salz** und **Pfeffer** würzen. Die Frischkäsemischung unter die Matjesmischung heben. In zwei Dessertringe füllen und bis zur Verwendung kalt stellen. // Vor dem Anrichten die **Avocado** in Spalten schneiden und um das Tartar anrichten. Avocado mit dem **Zitronensaft** beträufeln, **salzen** und **pfeffern.** Die Ringe abziehen, das Tatar mit Dillspitzen garnieren.

Tipp *Dazu passt das Schwarzbrot (Seite 30) mit Butter bestrichen.*

3 g KH

9 g KH

Die Garnelen passen auch zum Blattspinat (Seite 136), zum Tomatengemüse (Seite 111), zum Lauchgemüse (Seite 96) oder zum Auberginen-Thymian-Püree (Seite 93).
Der Reis passt zu nahezu allen Fisch- und Fleischgerichten in diesem Buch.

GARNELEN AUF SAFRAN-KOHLRABI-„REIS“

FÜR 2 PORTIONEN

Für den Safran-Kohlrabi-„Reis“
1 mittelgroßer Kohlrabi (350 g)
1 Schalotte (30 g)
1–2 Msp. Safranfäden
Salz
2 EL Noilly Prat
2 EL Olivenöl
2 TL Butter (10 g)
75 ml Gemüsebrühe
2–4 Stängel glatte Petersilie (5 g)
75 g Frischkäse (Doppelrahmstufe)
25 g frisch geriebener Parmesan
schwarzer Pfeffer aus der Mühle

Für die Garnelen
1 EL Olivenöl
200 g rohe geschälte Riesengarnelen (küchenfertig)
Salz
schwarzer Pfeffer aus der Mühle

ZUBEREITUNGSZEIT *45 Minuten*
NÄHRWERTE PRO PORTION *532 kcal (41 g F // 29 g EW // 9 g KH)*

Safran-Kohlrabi-„Reis“ Den **Kohlrabi** schälen, die holzigen Teile wegschneiden. Kohlrabi in etwa 3 mm dicke Stifte schneiden und diese mit einem großen Messer hacken, sodass die Stücke etwa die Größe von gekochten Reiskörnern haben. Die **Schalotte** schälen und fein hacken. Die **Safranfäden** mit einer Prise **Salz** im Mörser fein zerreiben, mit dem **Noilly Prat** mischen und bis zur Verwendung stehen lassen. // Das **Öl** mit der **Butter** in einem Topf erhitzen. Die Schalotte darin anschwitzen, den Kohlrabi zugeben und unter Rühren etwa 5 Minuten sanft braten, wobei er keine Farbe annehmen soll! Mit Safranflüssigkeit und **Brühe** ablöschen. Aufkochen und abgedeckt bei geringer Hitze etwa 12 Minuten köcheln lassen. Inzwischen die **Petersilie** abbrausen, trocken tupfen und hacken. // Den Kohlrabi ohne Deckel 2–3 Minuten weiterköcheln lassen, bis die Flüssigkeit nahezu eingekocht ist. Der „Reis“ soll jetzt weich sein, aber noch Biss haben. Erst den **Frischkäse,** dann den **Parmesan** unterrühren. Kräftig **pfeffern** und eventuell leicht **nachsalzen.** Mit der Petersilie bestreuen.

Garnelen Das **Öl** in einer Pfanne erhitzen. Die **Garnelen** kalt abbrausen, trocken tupfen und von jeder Seite 1–2 Minuten braten, bis sie sich rosa färben. Innen sollen sie noch glasig sein. Mit **Salz** und **Pfeffer** würzen. Auf dem „Reis“ anrichten.

NÄHRWERTE UND ZUBEREITUNGSZEITEN
separat und pro Portion

Safran-Kohlrabi-„Reis“
377 kcal (32 g F // 10 g EW // 9 g KH)
40 Minuten

Garnelen
155 kcal (9 g F // 19 g EW // 0 g KH)
5 Minuten

CONFIERTER LACHS MIT AVOCADO-ZUCCHINI-PÜREE

FÜR 2 PORTIONEN

Für den Lachs
2 Lachsfilets aus der Mitte ohne Haut (à 160 g, netto 300 g)
4–6 EL mildes Olivenöl
Salz
Vanillepfeffer (Seite 183) oder schwarzer Pfeffer aus der Mühle
Außerdem: festere Frischhaltefolie

Für das Avocado-Zucchini-Püree
300 g Zucchini
2 Schalotten (60 g)
1–2 Knoblauchzehen (5 g)
½–1 Bund glatte Petersilie (20 g)
4 TL Olivenöl
100 ml Gemüsebrühe
1 mittelgroße Avocado (125 g Fruchtfleisch)
¼–½ TL Guarkernmehl (nach Belieben)
Kräutersalz
grüner Pfeffer aus der Mühle

NÄHRWERTE UND ZUBEREITUNGSZEITEN
separat und pro Portion

Lachs
264 kcal (17 g F // 28 g EW // 0 g KH)
20 Minuten + 20 Minuten Garen

Avocado-Zucchini-Püree
274 kcal (25 g F // 5 g EW // 6,5 g KH)
20 Minuten + 10 Minuten Garen

ZUBEREITUNGSZEIT *50 Minuten*
NÄHRWERTE PRO PORTION *538 kcal (42 g F // 33 g EW // 6,5 g KH)*

Lachs Den **Lachs** aus dem Kühlschrank nehmen und Zimmertemperatur annehmen lassen. Den Backofen auf 80 °C Ober-/Unterhitze vorheizen. Eventuell die Temperatur mit einem digitalen Ofenthermometer prüfen und die Temperatur anpassen. Eine ofenfeste Form hineinstellen. // Die Lachsfilets auf Gräten prüfen und diese entfernen. Graues Fett wegschneiden. Die flachen Seiten ebenfalls wegschneiden und beiseitelegen, damit man gleichmäßig dicke Stücke hat. // Ein großes Stück Frischhaltefolie auf einen Teller legen, 1 EL **Öl** in die Mitte gießen. Den Fisch von beiden Seiten **salzen** und **pfeffern** und auf das Öl legen. 1–2 weitere EL **Öl** auf den Fisch geben. Die Längsseiten der Folie hochnehmen und so fest wie möglich nach unten zusammenrollen. Die Seiten der Folie jeweils zu einem Strang zusammendrehen, bis der Fisch fest verpackt ist. Die beiden Stränge miteinander verknoten. Mit dem zweiten Stück Fisch ebenso verfahren. Beide in die Form im Ofen legen und etwa 20 Minuten garen. // Die abgeschnittenen flachen Seitenstücke ebenso verpacken und nach 10 Minuten mit in den Ofen geben.

Avocado-Zucchini-Püree Die **Zucchini** waschen, Stiel- und Blütenansatz entfernen. Längs vierteln, dann in Stücke schneiden. **Schalotten** und **Knoblauch** schälen und hacken. Die **Petersilie** abbrausen und trocken tupfen. Stängel und Blättchen separat hacken. // Das **Öl** in einem Topf erhitzen, Schalotten und Knoblauch darin glasig anschwitzen. Die Petersilienstängel zugeben und 1 Minute andünsten. Die Zucchini zugeben und unter Rühren 2 Minuten andünsten. Die **Brühe** angießen und die Zucchini abgedeckt 8–10 Minuten bei mittlerer Hitze garen. Sie sollen weich, aber nicht matschig sein. // Inzwischen aus der **Avocado** das Fruchtfleisch herausheben, grob zerkleinern und zu den Zucchini geben. Ohne Deckel darin erwärmen, gleichzeitig sollte die Flüssigkeit vollständig einkochen. // Den Topf vom Herd nehmen, die Petersilienblätter zugeben und die Mischung mit dem Stabmixer pürieren. Je nach gewünschter Konsistenz mit Guarkernmehl binden: Dafür etwas **Guarkernmehl** durch ein kleines Sieb darüberstäuben und sofort untermischen. Mit **Kräutersalz** und **Pfeffer** würzen.

Lachs Die Lachspäckchen aus dem Ofen nehmen. Vorsichtig ein Loch in die Folie schneiden und das Öl in ein kleines Schraubglas ablaufen lassen (nach dem Filtern oder Abseihen kann es noch sehr gut zum Braten weiterverwendet werden). Den Fisch auf dem Püree anrichten.

6,5 g KH

Der Lachs passt auch zu Oliven-Sellerie-Stampf (Seite 85), Blumenkohl-Chia-„Polenta" (Seite 103), Blattspinat (Seite 136), Senf-Schmorgurken (Seite 112), Lauchgemüse (Seite 96) und Sahne-Sauerkraut (Seite 115). Außerdem ist er perfekt auf Salat.
Das Püree passt auch zu gekräuterten Lammlachsen (Seite 85), Zwiebelsteaks (Seite 77), Kabeljau (Seite 116) und Mandelfisch (Seite 100).
Tipp: Das Püree schmeckt auch kalt als Dip.

Das Tomatengemüse passt auch zu folgenden Gerichten: Mandelfisch (Seite 100), Lachs mit Haselnusskruste (Seite 96), Zander (Seite 115), Schweinefilet in Pancetta (Seite 74), Flanksteak (Seite 90), Lammfilets (Seite 93) und Sellerie in Mandelkruste (Seite 139).
Der Rotbarsch passt zu diesen Beilagen: Thymian-Mandel-„Polenta“ (Seite 69), Oliven-Sellerie-Stampf (Seite 85), Zucchini-Avocado-Gemüse (Seite 62), Blattspinat (Seite 136), Petersilienwurzelpüree (Seite 66).

9,5 g KH

ROTBARSCH AUF SCHARFEM TOMATENGEMÜSE À LA PIZZAIOLA

FÜR 2 PORTIONEN

Für das Tomatengemüse
2 rote Zwiebeln (80 g)
1–2 Knoblauchzehen (5 g)
25 g schwarze Oliven
2 EL Olivenöl
20 g Tomatenmark
1 Dose stückige Tomaten (400 g)
1 TL getrockneter Thymian
1 Lorbeerblatt
2 TL Salzkapern (10 g)
Salz
schwarzer Pfeffer aus der Mühle
Muskatnuss
Piment aus der Mühle
Cayenne
3–4 Stängel Basilikum (5 g)
Für den Fisch
2 Rotbarschfilets (à 170 g)
1 TL Zitronensaft
Salz
schwarzer Pfeffer aus der Mühle
2 EL Olivenöl

ZUBEREITUNGSZEIT *30 Minuten*
NÄHRWERTE PRO PORTION *545 kcal (40 g F // 36 g EW // 9,5 g KH)*

Tomatengemüse Die **Zwiebeln** und den **Knoblauch** schälen und fein würfeln. Die **Oliven** vom Stein schneiden und grob hacken. Die Zwiebeln im **Öl** glasig anschwitzen, den Knoblauch kurz mitbraten. Das **Tomatenmark** zugeben und unter Rühren anrösten. // **Tomatenstücke,** Oliven, **Thymian, Lorbeerblatt** und **Kapern** unterrühren und das Gemüse mit **Salz, Pfeffer, Muskatnuss, Piment** und **Cayenne** würzen. Bei geringer Hitze etwa 15 Minuten köcheln lassen, bis etwa die Hälfte der Flüssigkeit verdampft ist.
Fisch Inzwischen den Fisch zubereiten. Dafür die **Rotbarschfilets** kalt abspülen und trocken tupfen. Mit dem **Zitronensaft** beträufeln, **salzen** und **pfeffern.** Das **Öl** in einer Pfanne erhitzen und die Filets darin bei mittlerer Hitze etwa 3 Minuten braten. Wenden und von der anderen Seite 2–3 Minuten braten.
Tomatengemüse **Basilikum** abbrausen, trocken tupfen und grob zerzupfen. Den Fisch auf dem Gemüse anrichten und Basilikum über das fertige Gericht streuen.

NÄHRWERTE UND ZUBEREITUNGSZEITEN
separat und pro Portion

Tomatengemüse
227 kcal (19 g F // 4 g EW // 9 g KH)
15 Minuten + 15 Minuten Köcheln

Fisch
318 kcal (21 g F // 32 g EW // 0,5 g KH)
10 Minuten

SEETEUFEL AUF SENF-SCHMORGURKEN

FÜR 2 PORTIONEN

Für die Senf-Schmorgurken
1 große Schmorgurke (etwa 650 g, geputzt 450 g)
2–3 Frühlingszwiebeln (40 g)
1 ½ EL Rapsöl oder Olivenöl
150 ml Gemüsebrühe
100 g Frischkäse (Doppelrahmstufe)
1 EL Dijonsenf (15 g)
1 TL körniger Senf (5 g)
Salz
grüner Pfeffer aus der Mühle
½–1 TL Worcestershiresauce

Für den Fisch
2 Seeteufelfilets (à 180 g)
1 EL Olivenöl
2 TL Butter (10 g)
Salz
schwarzer Pfeffer aus der Mühle

ZUBEREITUNGSZEIT *35 Minuten*
NÄHRWERTE PRO PORTION *562 kcal (44 g F // 32 g EW // 9 g KH)*

Senf-Schmorgurken Die **Gurke** schälen, längs halbieren und die Kerne herauskratzen. Die Gurkenhälften längs in knapp 2 cm breite Streifen, dann quer in Stücke schneiden. Die **Frühlingszwiebeln** putzen und waschen, das Weiße hacken, das Grüne in schmale Ringe schneiden. // Das Zwiebelweiß im **Öl** glasig anschwitzen, die Gurkenstücke zugeben und unter Rühren 2 Minuten andünsten. Die **Brühe** angießen, aufkochen und abgedeckt bei mittlerer Hitze etwa 12 Minuten köcheln lassen, bis die Gurken glasig und gar sind. // Die Gurken abseihen, die Flüssigkeit auffangen und mit dem **Frischkäse** und beiden **Senfsorten** verrühren. In einen Topf geben, cremig einkochen und mit **Salz, Pfeffer** und **Worcestershiresauce** abschmecken. Die Gurken zurück in die Sauce geben und mit dem Zwiebelgrün bestreuen.

Fisch Inzwischen den **Fisch** kalt abspülen und trocken tupfen. Das **Öl** in einer Pfanne erhitzen und die **Butter** darin schmelzen, bis sie schäumt. Den Fisch **salzen** und in der Pfanne etwa 3 Minuten von einer Seite braten. **Salzen,** wenden und weitere 2–3 Minuten braten. // Den Fisch **pfeffern** und mit den Gurken anrichten.

NÄHRWERTE UND ZUBEREITUNGSZEITEN
separat und pro Portion

Senf-Schmorgurken
323 kcal (29 g F // 5 g EW // 9 g KH)
20 Minuten + 15 Minuten Köcheln

Seeteufel
238 kcal (14 g F // 27 g EW // 0 g KH)
10 Minuten

Die Gurken passen zum confierten Lachs (Seite 108), zum Zander (Seite 115) und zum Schweinefilet in Pancetta (Seite 74).
Zum Fisch passen auch der Blattspinat (Seite 136), die Safran-Sahne-Sauce (Seite 136), das Lauchgemüse (Seite 96) oder der Oliven-Sellerie-Stampf (Seite 85).

7,5 g KH

ZANDER AUF SAHNE-SAUERKRAUT MIT SPECKWÜRFELN

FÜR 2 PORTIONEN

Für das Sahne-Sauerkraut
75 g Bacon
2 EL Rapsöl
2 Schalotten (60 g)
3 Wacholderbeeren
400 g Sauerkraut (lose oder aus dem Glas)
1 Lorbeerblatt
100 ml trockener Weißwein
100 g Schmand
Salz
schwarzer Pfeffer aus der Mühle

Für den Zander
2 Zanderfilets mit Haut (à 180 g)
Salz
1 EL Olivenöl
40 g Butter
grüner Pfeffer aus der Mühle

ZUBEREITUNGSZEIT *45 Minuten*
NÄHRWERTE PRO PORTION *821 kcal (63 g F // 46 g EW // 7,5 g KH)*

Sahne-Sauerkraut Den **Bacon** würfeln und im heißen **Rapsöl** etwa 10 Minuten langsam auslassen, bis er kross ist. Inzwischen die **Schalotten** schälen und fein würfeln. Die **Wacholderbeeren** fein hacken. // Den Speck mit einer Schaumkelle herausheben und beiseitestellen, die Schalotten in dem Fett glasig anschwitzen. Das **Sauerkraut** zugeben und unter Rühren 3 Minuten andünsten. Wacholder und **Lorbeerblatt** zugeben und den **Wein** angießen. Aufkochen und abgedeckt 15 Minuten leicht köcheln lassen, dabei gelegentlich umrühren. // Nach 15 Minuten den Deckel abnehmen und das Sauerkraut weiterköcheln lassen, bis die Flüssigkeit nahezu verkocht ist. Das Lorbeerblatt entfernen, den **Schmand** einrühren und das Sauerkraut mit **Salz** und **Pfeffer** abschmecken.

Zander Während das Kraut köchelt, den Backofen auf 80 °C Ober-/Unterhitze vorheizen. Die **Zanderfilets** kalt abbrausen und trocken tupfen. Eventuell vorhandene Gräten entfernen, und die Filets auf der Hautseite **salzen.** Eine Pfanne erhitzen, **Öl** und **Butter** hineingeben und den Zander auf der Hautseite bei mittlerer Hitze etwa 5 Minuten braten, dabei mit dem Pfannenwender flach drücken, damit er sich nicht wölbt. Die Hitzezufuhr ausschalten, den Zander von oben **salzen,** wenden und auf der Seite ohne Haut noch 1–2 Minuten nachziehen lassen. **Pfeffern** und bis zum Anrichten im Ofen warm halten.

Sahne-Sauerkraut Den Speck in der (Fisch-)Pfanne kurz erhitzen.

Zander Den Zander auf oder neben dem Sahne-Sauerkraut anrichten und mit dem Speck bestreut servieren.

NÄHRWERTE UND ZUBEREITUNGSZEITEN
separat und pro Portion

Sahne-Sauerkraut
453 kcal (37,3 g F // 11,5 g EW // 7,4 g KH)
25 Minuten + 15 Minuten Köcheln

Zander
368 kcal (25,4 g F // 34,7 g EW // 0,2 g KH)
10 Minuten

KABELJAU MIT SENFSAUCE UND BROKKOLI-AVOCADO-STAMPF

FÜR 2 PORTIONEN

Für den Fisch mit Senfsauce
1 Biozitrone
1 EL Rapsöl
2 Kabeljaufilets (à 180 g)
Salz
grüner Pfeffer aus der Mühle
3 Eigelb (S, 45 g)
1 EL Noilly Prat
2 EL Gemüsebrühe
1 EL Dijonsenf (15 g)
75 g Sahne

Für den Brokkoli-Avocado-Stampf
2–4 Stängel glatte Petersilie (5 g)
½ Brokkoli (200 g Röschen ohne Strunk und Stiele)
Salz
1 kleine Avocado (100 g Fruchtfleisch)
2 TL Zitronensaft
grüner Pfeffer aus der Mühle
Cayenne

ZUBEREITUNGSZEIT *45 Minuten*
NÄHRWERTE PRO PORTION *524 kcal (40 g F // 34 g EW // 5 g KH)*

Fisch Zunächst alles für den Fisch vorbereiten: Die **Zitrone** heiß waschen und trocken reiben. Von einer Hälfte die Schale abreiben und die geschälte Hälfte in Scheiben schneiden. Den Rest anderweitig verwenden. // In einem Topf etwa 3 cm hoch Wasser zum Kochen bringen, sodass ein Dämpfeinsatz das Wasser nicht berührt. Die Zitronenscheiben ins Wasser geben. // Den Dämpfeinsatz mit Backpapier auslegen und mit **Öl** ausstreichen. Den **Fisch** kalt abspülen, trocken tupfen, **salzen** und **pfeffern.**

Brokkoli-Avocado-Stampf Die **Petersilie** abbrausen, trocken tupfen und hacken. Die **Brokkoliröschen** waschen und in gleichmäßig große Stücke schneiden. Den Brokkoli über Dampf 8–10 Minuten nicht ganz weich garen. Abgießen, ausdampfen lassen und etwas **salzen.** Die **Avocado** halbieren, entkernen, das Fruchtfleisch herausheben, grob schneiden und mit dem **Zitronensaft** beträufeln. Unter den heißen Brokkoli mischen und mit dem Kartoffelstampfer grob zerstampfen. Mit **Salz, Pfeffer** und **Cayenne** würzen, die Petersilie untermischen.

Fisch Während der Brokkoli gart, den Fisch in den Dämpfeinsatz legen und abgedeckt über kochendem Wasser etwa 10 Minuten dämpfen. Nach der Hälfte der Zeit einmal wenden. // Über einem heißen Wasserbad (das Wasser soll nicht kochen, sondern nur sieden) in einem Schlagkessel die **Eigelbe** mit **Noilly Prat, Brühe** und **Senf** 5 Minuten cremig aufschlagen. Die **Sahne** unterrühren, eventuell etwas einkochen und mit **Salz, Pfeffer** und Zitronenschale abschmecken. Warm halten, bis Fisch und Brokkoli-Avocado-Stampf fertig sind. // Den Fisch aus dem Dämpfkorb heben und auf vorgewärmten Tellern mit der Sauce und dem Stampf anrichten.

NÄHRWERTE UND ZUBEREITUNGSZEITEN
separat und pro Portion

Kabeljau mit Senfsauce
384 kcal (28 g F // 30 g EW // 2 g KH)
20 Minuten

Brokkoli-Avocado-Stampf
140 kcal (12 g F // 4 g EW // 3 g KH)
20 Minuten

5 g KH

Zum Kabeljau passen auch grüne „Polenta“ (Seite 124), Petersilienwurzelpüree (Seite 66), Topinambur-„Bratkartoffeln“ (Seite 77) oder Blattspinat (Seite 136).
Der Stampf passt auch zu Lammfilets (Seite 93), mediterran gewürzten Frikadellen (Seite 65), Zitronenhähnchen (Seite 69), Schweinekoteletts (Seite 78) oder zum Mandelfisch (Seite 100).
Der Stampf schmeckt auch kalt, etwa zu Räucherforelle oder wachsweich gekochten Eiern.

RAFFINIERTES OHNE TIER

VEGETARISCH

INFO

Auch wenn es sich in diesem Kapitel ausschließlich um vegetarische Rezepte handelt, wollten wir auf unser Veggie-Symbol nicht verzichten, frei nach dem Motto „Sicher ist sicher". Manchmal schlägt man nämlich ein Buch mittendrin auf und bleibt gleich bei seinem Lieblingsgericht hängen oder man kopiert eine Seite, bevor es in die Küche geht.

MANDELGNOCCHI MIT BRAUNER BUTTER UND PARMESAN

VEGGIE

FÜR 2 PORTIONEN

75 g Mandelblättchen
200 g Tofu Natur
80 g frisch geriebener Parmesan
1 Ei (M, 55 g)
Salz
schwarzer Pfeffer aus der Mühle
Muskatnuss
Cayenne
20 g LC-Leinmehl
2–4 Stängel glatte Petersilie (5 g)
4–5 Stängel Thymian
2 TL Olivenöl
30 g Butter

ZUBEREITUNGSZEIT *40 Minuten*
NÄHRWERTE PRO PORTION *581 kcal (48 g F // 37 g EW // 3 g KH)*

Die **Mandelblättchen** ohne Fett in einer Pfanne goldgelb rösten. Herausnehmen und abkühlen lassen. Ein Drittel davon beiseitestellen, den Rest im Mörser möglichst fein zerstoßen. // Mit Küchenpapier möglichst viel Feuchtigkeit aus dem **Tofu** herausdrücken. Anschließend den Tofu mit der Gabel fein zerbröseln, mit 50 g **Parmesan** und den zerkleinerten Mandeln vermischen. Das **Ei** verschlagen und unter die Parmesan-Mandel-Mischung rühren. Mit **Salz, Pfeffer, Muskatnuss** und **Cayenne** kräftig würzen. Mit dem Stabmixer nicht ganz fein zermusen (oder mit den Fingern gründlich durchkneten). Das **Leinmehl** darüberstäuben, die Masse nochmals durchmixen oder kneten und etwas stehen lassen, damit das Leinmehl bindet. // Inzwischen die **Kräuter** abbrausen, trocken tupfen und hacken. Die Hälfte der Petersilie beiseitestellen, den Rest mit dem Thymian unter die Masse mischen. // In einem großen Topf Wasser mit **Salz** zum Kochen bringen. Den Backofen auf 80 °C Ober-/Unterhitze vorheizen. Eine ofenfeste Form mit dem **Öl** ausstreichen und in den Ofen stellen. // Die Masse zu gleichmäßig dicken Rollen formen und etwa 2 cm dicke Scheiben davon abschneiden. Die Scheiben mit leicht angefeuchteten Händen zu runden Gnocchi formen und mit einer Gabel etwas flach drücken. // Die Gnocchi in das nicht mehr kochende, sondern gerade noch siedende Wasser geben und etwa 3 Minuten darin ziehen lassen. Sobald die Gnocchi an die Oberfläche steigen, sind sie fertig. Mit einer Schaumkelle herausheben und in der Form im Ofen warm halten. // Die **Butter** in der Pfanne schmelzen, bis sie schäumt und goldgelb bräunt. Sofort über die heißen Gnocchi träufeln. Mit den ganzen Mandelblättchen, dem restlichen **Parmesan** und der restlichen Petersilie bestreuen.

Tipp *Dazu passt der Blattspinat von Seite 136.*

3 g KH

9 g KH

BUTTERNUT-HALLOUMI-RÖSTI

VEGGIE

FÜR 2 PORTIONEN

1 Stück Butternut-Kürbis (150 g Fruchtfleisch)
100 g Halloumi
2 Frühlingszwiebeln (25 g)
1–2 Knoblauchzehen (5 g)
½–1 rote Chilischote
7–10 Stängel Koriandergrün (10 g)
1 TL abgeriebene Schale einer Biozitrone
1 Ei (M, 55 g)
2 Eigelb (30 g)
Salz
schwarzer Pfeffer aus der Mühle
Chiliflocken
25 g gemahlene Mandeln
1 TL Guarkernmehl (3 g)
2 EL Rapsöl

ZUBEREITUNGSZEIT *35 Minuten*
NÄHRWERTE PRO PORTION *444 kcal (41 g F // 20 g EW // 9 g KH)*

Kürbis und **Halloumi** mittelfein raffeln. Die **Frühlingszwiebeln** putzen, waschen und quer in dünne Ringe schneiden. Den **Knoblauch** schälen und klein hacken. **Chilischote** längs halbieren, entkernen, waschen und fein würfeln. Das **Koriandergrün** abbrausen, trocken tupfen und mit den Stängeln hacken. // Alle zerkleinerten Zutaten mit der **Zitronenschale** mischen. **Ei** und **Eigelbe** zugeben und unterrühren. Mit **Salz, Pfeffer** und **Chiliflocken** würzen. Die **Mandeln** darüberstreuen, das **Guarkernmehl** durch ein kleines Sieb darüberstäuben. Gut vermischen und etwas stehen lassen, bis das Guarkernmehl bindet. // Zwei große beschichtete Pfannen erhitzen, jeweils 1 EL **Rapsöl** darin erhitzen. Die Masse in acht Portionen teilen. In jede Pfanne vier Portionen setzen und mit dem Pfannenwender oder einem Silikonspachtel flach drücken. Bei knapp mittlerer Hitze 10 Minuten goldgelb bis goldbraun braten, dabei zweimal wenden und darauf achten, dass die Rösti nicht zu dunkel werden. // Die fertigen Rösti auf Küchenpapier setzen und überflüssiges Fett abtupfen.* Mit einem Kräuterquark anrichten oder mit dem Frischkäse-Zitronen-Minze-Dip (Seite 139).

** Dadurch reduziert sich der Ölanteil um rund ein Drittel und wird entsprechend in den Nährwertberechnungen berücksichtigt.*

GRÜNE „POLENTA“ MIT CONFIERTEM EIGELB

VEGGIE

FÜR 2 PORTIONEN

Für die confierten Eigelbe
etwa 200 ml Olivenöl (nur etwa 2 TL Öl werden auf die Nährwerte berechnet)
4 Eigelb (L, 80 g)
feines Flockensalz

Für die grüne „Polenta“
⅓–½ Kopf Romanesco (etwa 250 g)
½ Bund glatte Petersilie (10 g Blättchen)
1 EL Olivenöl
2 TL Butter (10 g)
150 ml Gemüsebrühe
20 g weißes LC-Mandelmehl
1 TL gemahlene Flohsamenschalen (5 g)
30 g frisch geriebener Parmesan
Salz
schwarzer Pfeffer aus der Mühle
1 Msp. Cayenne

ZUBEREITUNGSZEIT *35 Minuten*
NÄHRWERTE PRO PORTION *421 kcal (34 g F // 20 g EW // 4 g KH)*

Confierte Eigelbe Für die Eigelbe den Backofen auf 70 °C Ober-/Unterhitze vorheizen. Eine kleine Porzellanschale mit der Hälfte des **Öls** füllen. Die **Eier** behutsam trennen, die Eigelbe mit einem Löffel vorsichtig in das Öl gleiten lassen. So viel **Öl** zugeben, dass die Eigelbe bedeckt sind. Die Schale in den Backofen stellen und die Eigelbe etwa 20 Minuten confieren. Die Eigelbe sollen außen stabil und innen flüssig sein.

Grüne „Polenta“ Inzwischen den **Romanesco** waschen und trocken tupfen. Auf einer feinen Reibe nur die Röschen, nicht die Stiele, so fein wie möglich reiben. Der geriebene Romanesco soll so ähnlich wie Couscous aussehen. Die **Petersilie** abbrausen, trocken tupfen und sehr fein hacken. // Gleichzeitig in einer Pfanne das **Öl** erhitzen und die **Butter** darin zerlassen, bis sie schäumt. Den Romanesco darin unter Rühren sanft anbraten, er soll keinesfalls Farbe bekommen. Die **Brühe** angießen, aufkochen und den Romanesco unter Rühren 3–4 Minuten köcheln lassen. **Mandelmehl** und **Flohsamenschalen** zugeben und weiter sanft rührbraten, bis man eine homogene, polentaähnliche Konsistenz erhält. // Den **Parmesan** und drei Viertel der Petersilie unterrühren, mit **Salz, Pfeffer** und **Cayenne** abschmecken. In zwei Schalen anrichten. Mit einem Löffelrücken jeweils zwei Mulden hineindrücken.

Eigelbe Die Eigelbe mit einer kleinen Schaumkelle (zum Beispiel aus Silikon) vorsichtig aus dem Öl heben und abtropfen lassen. In die Mulden auf der grünen „Polenta“ gleiten lassen und die Eigelbe mit **Flockensalz** bestreuen. Die restliche Petersilie um die Eigelbe herum über die „Polenta“ streuen.

Anmerkungen *Bei den Brotrezepten werden öfter nur die Eiweiße verwendet – die übrig bleibenden Eigelbe sind perfekt zum Confieren. Das Öl kann problemlos weiterverwendet werden.*

NÄHRWERTE UND ZUBEREITUNGSZEITEN
separat und pro Portion

Confierte Eigelbe
176 kcal (17 g F // 6 g EW // 0 g KH)
25 Minuten

Grüne Polenta
245 kcal (17 g F // 14 g EW // 4 g KH)
30 Minuten

4 g KH

Die confierten Eigelbe passen auch zum Oliven-Sellerie-Stampf (Seite 85), zum Petersilienwurzelpüree (Seite 66), zum Blumenkohlpüree (Seite 78) und natürlich zum Blattspinat (Seite 136).
Die grüne Polenta passt auch zu den gekräuterten Lammlachsen (Seite 85), dem Entrecôte (Seite 62), den Hüftsteaks (Seite 86), dem confierten Lachs (Seite 108) und zum Zander (Seite 115).

3,5 g KH

AVOCADO-PIZZA

VEGGIE

FÜR 2 PORTIONEN

Für den Pizzaboden
(siehe auch Pizza bolognese, Seite 82)
75 g Frischkäse (Doppelrahmstufe)
2 Eier (M, 110 g)
2 EL weißes LC-Mandelmehl (15 g)
¼ TL Backpulver
20 g frisch geriebener Parmesan

Für den Belag
75 g Frischkäse (Doppelrahmstufe)
2 kleine reife Avocados (200 g Fruchtfleisch)
Salz
schwarzer Pfeffer aus der Mühle
Chiliflocken
40 g frisch geriebener pikanter Cheddar oder Gouda

ZUBEREITUNGSZEIT *15 Minuten + 35 Minuten Backen*
NÄHRWERTE PRO PORTION *650 kcal (59 g F // 26 g EW // 3,5 g KH)*

Den Backofen auf 180 °C Ober-/Unterhitze vorheizen. **Frischkäse** und **Eier** mit den Quirlen des Handmixers glatt verrühren. Das **Mandelmehl** mit dem **Backpulver** mischen und unter Rühren zugeben. Den geriebenen **Parmesan** untermischen. // Eine runde Silikonform (26 cm Durchmesser) kalt ausspülen. Den relativ flüssigen Teig einfüllen und die Form leicht schwenken, damit sich der Teig gleichmäßig verteilt. Den Boden im vorgeheizten Ofen 20–22 Minuten backen, bis er goldgelb bis goldbraun gebacken ist. // Den Boden aus der Form nehmen und mit dem **Frischkäse** bestreichen. Die **Avocados** halbieren und entkernen. Das Fruchtfleisch auslösen, in Scheiben schneiden und auf dem Frischkäse verteilen. Mit **Salz, Pfeffer** und **Chiliflocken** würzen. Den geriebenen **Käse** darauf verteilen. Im Backofen bei weiterhin 180 °C Ober-/Unterhitze 12–15 Minuten fertig backen, bis der Boden knusprig und der Käse verlaufen ist.

Tipp *Einfach mehrere Böden auf Vorrat backen und einfrieren.*

Varianten *Pizza mit Tomatengemüse „Pizzaiola" (Seite 111), Pizza mit Sahnepilzen (Rezept Pilzpfanne, Seite 144).*

HALLOUMI-TOMATEN-OMELETT

VEGGIE

FÜR 2 PORTIONEN

75 g Halloumi
200 g Kirschtomaten
25 g schwarze Oliven
5–7 Stängel glatte Petersilie (10 g)
2 Eier (M, 110 g)
2 Eigelb (30 g)
Salz
schwarzer Pfeffer aus der Mühle
2–3 EL Mineralwasser mit Kohlensäure
2 EL Olivenöl

ZUBEREITUNGSZEIT *25 Minuten*
NÄHRWERTE PRO PORTION *450 kcal (36 g F // 18 g EW // 5 g KH)*

Den **Halloumi** trocken tupfen und grob reiben. Die **Tomaten** waschen, trocken tupfen und halbieren, die Stielansätze dabei entfernen. Die **Oliven** vom Stein schneiden und hacken. Die **Petersilie** abbrausen, trocken tupfen und hacken. // Die **Eier** mit den **Eigelben** glatt rühren, **salzen** und **pfeffern.** Die Hälfte der Petersilie und das **Mineralwasser** zugeben und unterrühren. // Die Tomaten im heißen **Öl** 2 Minuten unter Rühren braten, dabei etwas **salzen** und **pfeffern.** Den Halloumi darüberstreuen, unter Rühren 1–2 Minuten weiterbraten. Die Temperatur reduzieren und die Eiermasse darübergießen. Abgedeckt etwa 5 Minuten stocken lassen. Mit den Oliven und der restlichen Petersilie bestreuen.

5 g KH

4,5 g KH

PIKANTE BLUMENKOHL-KÄSE-WAFFELN

VEGGIE

FÜR 2 PORTIONEN (INSGESAMT 6 WAFFELN)

¼ kleiner Blumenkohl (geputzt 150 g)
20 g Parmesan
20 g Cheddar
2–4 Stängel glatte Petersilie (5 g)
4–5 Stängel Thymian (3 g)
2 Eier (M, 110 g)
125 g Frischkäse (Doppelrahmstufe)
Salz
schwarzer Pfeffer aus der Mühle
½ TL Schwarzkümmel
½ TL Chiliflocken
1 ½ TL Guarkernmehl (6 g)
1 EL Olivenöl

ZUBEREITUNGSZEIT *35 Minuten*

Den **Blumenkohl** waschen, trocken tupfen und fein reiben. Beide **Käsesorten** ebenfalls fein reiben. Die **Kräuter** abbrausen, trocken tupfen und fein hacken. // Blumenkohl, Käse und Kräuter locker vermischen. Die **Eier** mit dem **Frischkäse** glatt verrühren und untermischen. Mit **Salz, Pfeffer, Schwarzkümmel** und **Chiliflocken** pikant abschmecken. Das **Guarkernmehl** darübersieben und sofort gut untermischen. Die Masse etwas stehen lassen, bis das Mehl bindet. // Ein Waffeleisen (Form für belgische Waffeln) aufheizen und mit etwas **Öl** auspinseln. Den Teig in sechs Portionen teilen. Die Waffeln bei starker Hitze 5–6 Minuten goldbraun backen. // Die Waffeln schmecken kalt und heiß. Mit Kräuterquark und/oder grünem Salat (Seite 135) servieren.

NÄHRWERTE

Pro Portion
496 kcal (42 g F // 25 g EW // 4,5 g KH)

Pro Waffel
165 kcal (14 g F // 8 g EW // 1,5 g KH)

KÄSESPÄTZLE MIT GESCHMORTEN SCHALOTTEN

VEGGIE

FÜR 2 PORTIONEN

30 g Butter
100 g würziger Cheddar
100 g Schalotten (geschält 80 g)
2–4 Stängel glatte Petersilie (5 g)
Salz
3 Eier (M, 165 g)
45 g weiße Chiasamen
45 g LC-Sojamehl
¼ TL Kurkuma
schwarzer Pfeffer aus der Mühle

ZUBEREITUNGSZEIT *40 Minuten*
NÄHRWERTE PRO PORTION *663 kcal (51 g F // 38 g EW // 7 g KH)*

Den Backofen auf 120 °C Ober-/Unterhitze vorheizen. Eine ofenfeste Form mit 10 g **Butter** ausstreichen und hineinstellen. Den **Cheddar** reiben. Die **Schalotten** schälen und quer in schmale Ringe schneiden. Die **Petersilie** abbrausen, trocken tupfen und hacken. // Für die Spätzle reichlich **Salzwasser** in einem großen Topf zum Kochen bringen. Die **Eier** mit der Gabel verschlagen. Die **Chiasamen** im Blitzhacker möglichst fein zerkleinern und mit **Sojamehl, Salz** und **Kurkuma** klümpchenfrei vermischen. Die Mehlmischung nach und nach mit den Eiern zu einem halbfesten Teig verrühren. // Die Temperatur des Wassers reduzieren, sodass es gerade noch siedet. Den Teig portionsweise auf ein Spätzlesieb oder einen Spätzlelöffel geben und in das siedende Wasser streichen. Sobald die Spätzle an der Oberfläche schwimmen, sind sie gar. Spätzle mit einer Schaumkelle herausheben, abtropfen lassen und zunächst einen Teil davon heiß in die Backofenform geben. Mit etwas Käse bestreuen und mit **Pfeffer** würzen. So fortfahren, bis alle Spätzle und der ganze Käse verbraucht sind. Die letzte Schicht sollte Käse sein. Im Ofen warm halten. // Die restliche **Butter** in einer Pfanne erhitzen, bis sie schäumt. Die Schalotten darin goldgelb bis goldbraun und weich braten. // Die Käsespätzle in vorgewärmte Teller geben, die Schalotten darauf verteilen. Die Spätzle mit der Petersilie bestreuen.

Tipp *Dazu passen grüner Salat (Seite 135) oder Tomatensalat.*

7 g KH

2,5 g KH

PIKANTER CHEESECAKE

VEGGIE

FÜR 1 KLEINE SPRINGFORM (20 CM DURCHMESSER) *8 Stücke à etwa 97 g*

1 EL weiche Butter (15 g)
60 g gemahlene Mandeln
500 g Quark (40 % Fett)
2 Eier (M, 110 g)
75 g frisch geriebener Parmesan
75 g frisch geriebener reifer Cheddar
1 TL Kräutersalz
40 g LC-Gold-Leinsamenmehl
½ Päckchen Backpulver (7,5 g)

ZUBEREITUNGSZEIT *20 Minuten + 60 Minuten Backen*
NÄHRWERTE PRO STÜCK *268 kcal (20 g F // 18 g EW, // 2,5 g KH)*

Den Backofen auf 160 °C Umluft vorheizen. Die Springform mit der weichen **Butter** ausstreichen, mit 1 EL gemahlenen **Mandeln** ausstreuen und beiseitestellen. // **Quark, Eier,** beide **Käsesorten** und das **Kräutersalz** mit den Quirlen des Handmixers glatt verrühren. // **Leinsamenmehl,** restliche gemahlene **Mandeln** und **Backpulver** mischen, in ein Sieb schütten und nach und nach über den Teig sieben, dabei weiterrühren. Den Teig in die Form einfüllen und glatt streichen. // Den Kuchen im vorgeheizten Ofen (Mitte) 60 Minuten backen. Sobald er anfängt zu bräunen (nach 30–40 Minuten), die Oberfläche mit Backpapier abdecken. Die Form zwischendurch einmal drehen, damit der Kuchen gleichmäßig gart. Nach 60 Minuten die Stäbchenprobe machen, eventuell etwas länger backen. Nach Ende der Backzeit den Ofen ausschalten, die Ofentür halb öffnen und den Kuchen darin noch 10 Minuten nachgaren. Herausnehmen, aus der Form lösen und auf einem Kuchengitter vollständig auskühlen lassen.

Tipp *Dazu passt ein einfacher grüner Salat: 2 Miniromanasalate (250 g) putzen, waschen und trocken tupfen. Quer in Streifen schneiden. 1 EL Dijonsenf mit 2–3 TL Sherryessig, Salz und Pfeffer verrühren, nach und nach 3 EL Olivenöl unterschlagen.*

NÄHRWERTE
Pro 100 g
276 kcal (21 g F // 18 g EW // 2,5 g KH)

NÄHRWERTE UND ZUBEREITUNGSZEITEN
separat und pro Portion

Cheesecake (1 Stück pro Person) und Salat
497 kcal (43 g F // 21 g EW // 4,5 g KH)
85 Minuten

Salat
229 kcal (23 g F // 3 g EW // 2 g KH)
5 Minuten

BLATTSPINAT
MIT MANDEL-PARMESAN-KLÖSSCHEN UND SAFRAN-SAHNE-SAUCE

VEGGIE

FÜR 2 PORTIONEN

Für den Spinat
400 g frischer Blattspinat (geputzt etwa 300 g)
1–2 Knoblauchzehen (5 g)
1 EL Olivenöl
20 g Butter
Salz
schwarzer Pfeffer aus der Mühle
Muskatnuss

Für die Safran-Sahne-Sauce
1 Msp. Safranfäden
Salz
1 EL Noilly Prat oder trockener Weißwein
1 Schalotte (30 g)
2 TL Butter (10 g)
75 ml Gemüsebrühe
100 g Schmand (24 % Fett)
schwarzer Pfeffer aus der Mühle
Cayenne

Für die Mandel-Parmesan-Klößchen
50 g gemahlene blanchierte Mandeln
1 kleine Schalotte (20 g)
2 TL Olivenöl
100 ml Gemüsebrühe
4–5 Stängel glatte Petersilie (7 g)
40 g frisch geriebener Parmesan
1 Ei (S, 50 g)
Salz
schwarzer Pfeffer aus der Mühle
Muskatnuss
2 TL Guarkernmehl (7 g)

ZUBEREITUNGSZEIT *50 Minuten*
NÄHRWERTE PRO PORTION *665 kcal (59 g F // 23 g EW // 7 g KH)*

Spinat Den **Spinat** verlesen und von den Stielen befreien. Sehr gründlich waschen und abtropfen lassen. Den **Knoblauch** schälen und hacken. Beides beiseitestellen.
Safran-Sahne-Sauce Die **Safranfäden** mit einer Prise **Salz** im Mörser zerreiben, den **Noilly Prat** zugeben, umrühren und ziehen lassen. Die **Schalotte** schälen, klein würfeln und in der **Butter** farblos glasig schwitzen. Mit der **Brühe** ablöschen. Die Safranflüssigkeit zugeben, aufkochen und auf etwa die Hälfte reduzieren. Den **Schmand** einrühren, mit **Salz, Pfeffer** und **Cayenne** abschmecken. Warm halten.
Mandel-Parmesan-Klößchen Die gemahlenen **Mandeln** im Blitzhacker oder Mixer so fein wie möglich mahlen. Die **Schalotte** schälen, fein würfeln und im **Öl** glasig anschwitzen. Die Mandeln zugeben und unter Rühren etwa 2 Minuten farblos anrösten. Die **Brühe** angießen, aufkochen und ohne Deckel etwa 8 Minuten köcheln lassen, bis die Flüssigkeit so weit wie möglich eingekocht ist. Vom Herd nehmen und lauwarm abkühlen lassen. // Die **Petersilie** abbrausen, trocken tupfen und fein hacken. Mit dem **Parmesan** und dem **Ei** zu den Mandeln geben, gut vermischen. Mit **Salz, Pfeffer** und **Muskatnuss** würzen. Das **Guarkernmehl** mit einem kleinen Sieb darüberstäuben und sofort gründlich untermischen. Kurz binden lassen. Aus der Masse acht gleich große Klößchen formen. // Einen Topf etwa 3 cm hoch mit Wasser füllen und aufkochen. Einen Dämpfkorb (oder ein faltbares Dämpfsieb) mit Backpapier auslegen und einhängen. Der Korb soll das Wasser nicht berühren. Die Klößchen in den Dämpfkorb setzen und abgedeckt 5 Minuten dämpfen. Danach warm halten.
Spinat Inzwischen für den Spinat das **Öl** erhitzen, die **Butter** darin schmelzen, bis sie schäumt. Den Knoblauch darin anschwitzen. Den abgetropften Spinat zugeben, **salzen** und **pfeffern.** Abgedeckt bei geringer Hitze etwa 5 Minuten dünsten. Den Spinat mit einer Gabel auflockern, nochmals mit **Salz** und **Pfeffer** abschmecken. **Muskatnuss** frisch darüberreiben. // Den Spinat mit den Klößchen anrichten, die Safransauce darüberlöffeln.

NÄHRWERTE UND ZUBEREITUNGSZEITEN
separat und pro Portion

Blattspinat
184 kcal (16 g F // 7 g EW // 2 g KH)
20 Minuten

Mandel-Parmesan-Klößchen
316 kcal (26 g F // 16 g EW // 2 g KH)
35 Minuten

Safran-Sahne-Sauce
175 kcal (16 g F // 2 g EW // 3 g KH)
10 Minuten

Der Blattspinat passt zu den meisten Eierspeisen, Fisch- und Fleischgerichten.
Die Safransauce passt zu Garnelen, Jakobsmuscheln, weißem Fischfilet, Spargel oder Schwarzwurzeln.
Die Klößchen passen zu Lauchgemüse (Seite 96), zu Pfannenspargel (Seite 74) und Zucchini-Avocado-Gemüse (Seite 62).

7 g KH

10 g KH

Der Dip passt auch zu Sticks aus Rohgemüse, zu Garnelen, Räucherforelle und als Basis für Salate mit Fisch oder Hühnchen. Zum Sellerie passt auch der Mandel-Safran-Dip (Seite 49) oder die Rouille (Seite 45).

SELLERIE IN MANDELKRUSTE
MIT FRISCHKÄSE-ZITRONEN-MINZE-DIP

VEGGIE

FÜR 2 PORTIONEN

Für den Dip
1 Biozitrone
2–3 Stängel Minze (6 g)
75 g Frischkäse (Doppelrahmstufe)
100 g griechischer Joghurt
30 g Mayonnaise (80 % Fett)
Salz
grüner Pfeffer aus der Mühle
Cayenne

Für den Sellerie
1 EL Apfelessig
½ Sellerieknolle (geschält, geputzt 300 g)
75 g gemahlene braune Mandeln
Salz
schwarzer Pfeffer aus der Mühle
2 Eier (S, 100 g)
3 EL Olivenöl

ZUBEREITUNGSZEIT *40 Minuten*
NÄHRWERTE PRO PORTION *784 kcal (74 g F // 20 g EW // 10 g KH)*

Dip Die **Zitrone** heiß waschen und trocken reiben. Die Schale abreiben, den Saft auspressen. Die **Minze** abbrausen und trocken tupfen. Die Blätter übereinanderlegen, erst in hauchdünne Streifen, dann in kleine Stücke schneiden. // Den **Frischkäse** mit **Joghurt, Mayonnaise** und zunächst 2 TL Zitronensaft glatt verrühren. Minze untermischen. Mit **Salz, Pfeffer, Cayenne** und 1–2 TL Zitronenschale würzen, nach Geschmack etwas mehr Zitronensaft zugeben. Bis zum Servieren kalt stellen.

Sellerie In einen Topf etwas kaltes Wasser geben, den **Apfelessig** untermischen. **Sellerie** schälen, in 1 cm dicke Scheiben schneiden und sofort in das Essigwasser legen, damit er weiß bleibt. // In einen zweiten Topf etwa 3 cm hoch Wasser einfüllen und zum Kochen bringen. Einen Dämpfeinsatz so einhängen, dass er das Wasser nicht berührt. Die Selleriescheiben einlegen und abgedeckt 5 Minuten dämpfen. // Inzwischen die gemahlenen **Mandeln** auf einen Teller streuen, mit **Salz** und **Pfeffer** mischen. In einer Schüssel die **Eier** verschlagen. // Den Sellerie aus dem Dämpfkorb nehmen, **salzen** und **pfeffern.** Etwas abkühlen lassen. Von beiden Seiten in die Mandeln drücken, den Überschuss abklopfen. Dann durch das Ei ziehen und nochmals in die Mandeln drücken, wiederum den Überschuss abklopfen. // In einer großen beschichteten Pfanne das **Öl** erhitzen. Die panierten Selleriescheiben bei gut mittlerer Hitze von jeder Seite etwa 3–4 Minuten goldbraun braten. // Den heißen Sellerie mit dem kalten Dip servieren.

NÄHRWERTE UND ZUBEREITUNGSZEITEN
separat und pro Portion

Frischkäse-Zitronen-Minze-Dip
261 kcal (25 g F // 4 g EW // 4 g KH)
10 Minuten

Sellerie in Mandelkruste
522 kcal (48 g F // 17 g EW // 6 g KH)
30 Minuten

SPARGELTARTE MIT MANDELBODEN

VEGGIE

FÜR 2 PORTIONEN

Für den Boden
60 g gemahlene blanchierte Mandeln
30 g weißes LC-Mandelmehl
25 g frisch geriebener Parmesan
1 Ei (M, 55 g)
40 g weiche Butter
Salz
schwarzer Pfeffer aus der Mühle
Für den Guss
125 g Crème fraîche
1 Ei (M, 55 g)
½ Portion Basilikumpesto (siehe grüne Pestobohnen, Seite 86; ersatzweise gehackte Petersilie)
Salz
schwarzer Pfeffer aus der Mühle
Außerdem
400 g Spargelspitzen (geputzt 300 g)
Basilikumblättchen zum Bestreuen

ZUBEREITUNGSZEIT *30 Minuten + 35 Minuten Backen*
NÄHRWERTE PRO PORTION *809 kcal (71 g F // 34 g EW // 9,5 g KH)*

Für den Boden alle **Zutaten** in eine Schüssel geben und mit dem Handmixer verrühren. Die zunächst krümelige Masse mit den Händen zu einem Teig kneten. Zu einem rechteckigen Block formen (so lässt sich der Teig später besser ausrollen), in Frischhaltefolie wickeln und 30 Minuten im Kühlschrank ruhen lassen. // Inzwischen die **Zutaten** für den Guss mit einem Schneebesen oder Stabmixer vermischen. Die **Spargelspitzen** schälen, waschen und über Dampf 4 Minuten vorgaren. Kalt abbrausen und abtropfen lassen. // Den Backofen auf 200 °C Ober-/Unterhitze vorheizen. Eine rechteckige ofenfeste Form (15 × 20 cm) vorbereiten. // Den Teig zu einem Rechteck ausrollen, das etwas größer ist als die Form: etwa 20 × 25 cm. Die Form mit Backpapier auslegen, den Teig hineindrücken und einen Rand formen. Den Boden im Backofen 15 Minuten vorbacken. // Die Form aus dem Backofen nehmen, den Guss daraufgeben und glatt streichen. Die Spargelspitzen auf dem Guss verteilen und die Tarte weitere 15–20 Minuten backen, bis der Guss fest und die Oberfläche goldgelb ist. Falls die Tarte zu schnell bräunt, nach etwa 10 Minuten mit Alufolie locker abdecken. // Die Tarte mit **Basilikumblättchen** bestreuen und heiß servieren. Dazu schmeckt ein einfacher grüner Salat (Seite 135).

9,5 g KH

Ein etwas aufwendiges und üppigeres Gericht, das sich beliebig abwandeln lässt, zum Beispiel durch Weglassen des Pestos oder durch anderes knapp vorgegartes Gemüse wie Brokkoli, Romanesco oder Spinat.

10 g KH

GEFÜLLTE OCHSENHERZTOMATEN MIT KÄSE-NUSS-KRUSTE

VEGGIE

FÜR 2 PORTIONEN

2 Ochsenherztomaten (à etwa 350 g, zusammen 450 g ausgehöhlt)
50 g Pekannüsse
250 g Champignons (geputzt 170 g)
125 g Feta
1 kleine rote Zwiebel (50 g)
5–7 Stängel glatte Petersilie (10 g)
Salz
3 EL Olivenöl
2 TL Tomatenmark (10 g)
schwarzer Pfeffer aus der Mühle
Chiliflocken
30 g frisch geriebener Parmesan

ZUBEREITUNGSZEIT *45 Minuten + 20 Minuten Backen*
NÄHRWERTE PRO PORTION *671 kcal (60 g F // 23 g EW // 10 g KH)*

Die **Tomaten** waschen und trocken tupfen. Einen Deckel abschneiden, das Innere mit einem scharfkantigen Löffel herausheben, ohne die Außenwand zu verletzen. So weit wie möglich auch die inneren Rippen und die dazwischen befindlichen Kerne herauslösen. Die ausgehöhlten Tomaten umgedreht auf Küchenpapier abtropfen lassen. Den Deckel und das ausgelöste Fruchtfleisch klein würfeln, die festen weißen Teile und die Kerne dabei entfernen. // Die **Nüsse** in einer Pfanne ohne Fett rösten und abkühlen lassen. Inzwischen die **Pilze** trocken putzen, die Stiele herausdrehen, die Kappen in 5 mm große Würfel schneiden. Die Hälfte der Nüsse im Blitzhacker zu „Grieß" zerkleinern, den Rest grob hacken. Den **Feta** ebenfalls in etwa 5 mm große Würfel schneiden. Die **Zwiebel** schälen und klein würfeln. Die **Petersilie** abbrausen, trocken tupfen und hacken. // Den Backofen auf 200 °C Umluft vorheizen. Die Champignons ohne Fett unter Rühren 2–3 Minuten scharf anbraten. **Salzen** und weiterbraten, bis die Flüssigkeit verkocht ist. Die Temperatur reduzieren, die Pilze an den Pfannenrand schieben. 1 ½ EL **Öl** in die Pfanne geben, die Zwiebel darin glasig anschwitzen. Das **Tomatenmark** zugeben und unter Rühren anrösten, dann Tomatenwürfel und gehackte Nüsse zugeben. Alles mit den Pilzen mischen und köcheln lassen, bis alle Flüssigkeit eingekocht ist. Vom Herd nehmen, Feta und Petersilie untermischen, dabei ein wenig Petersilie zum Garnieren beiseitestellen. Mit reichlich grob gemahlenem **Pfeffer, Salz** und **Chiliflocken** würzen. // Die ausgehöhlten Tomaten von innen **salzen** und **pfeffern,** dann die Pilzmischung hineinfüllen, dabei mit einem Löffel fest hineindrücken. Eine kleine ofenfeste Form mit wenig **Olivenöl** ausstreichen, die Tomaten hineinsetzen. **Parmesan** und gemahlene Nüsse mischen und auf den Tomaten verteilen, etwas festdrücken. Das restliche **Öl** darüberträufeln. // Die Tomaten im vorgeheizten Backofen 20 Minuten backen. Falls die Kruste zu stark bräunt, die Tomaten nach 15 Minuten mit Alufolie abdecken. Die Tomaten mit der restlichen Petersilie bestreut servieren.

PILZPFANNE MIT SPÄTZLE

VEGGIE

FÜR 2 PORTIONEN

Für die Spätzle
Salz
3 Eier (M, 165 g)
45 g weiße Chiasamen
45 g LC-Sojamehl
¼ TL Kurkuma
Für die Pilze
400 g gemischte Pilze (geputzt 320 g; z. B. Austernpilze, Steinpilze, Champignons, Pfifferlinge)
1 Schalotte (30 g)
1–2 Knoblauchzehen (5 g)
5–7 Stängel glatte Petersilie (10 g)
1 ½ EL Olivenöl
Salz
Vanillepfeffer (Seite 183; ersatzweise schwarzer Pfeffer aus der Mühle)
100 ml Pilzfond (ersatzweise Gemüsebrühe)
50 ml Noilly Prat oder trockener Weißwein
100 g Frischkäse (Doppelrahmstufe)
1 TL abgeriebene Schale einer Biozitrone
Muskatnuss

NÄHRWERTE UND ZUBEREITUNGSZEITEN
separat und pro Portion

Spätzle
322 kcal (21 g F // 25 g EW // 2 g KH)
25 Minuten

Pilzpfanne
286 kcal (25 g F // 8 g EW // 4 g KH)
30 Minuten

ZUBEREITUNGSZEIT *55 Minuten*
NÄHRWERTE PRO PORTION *608 kcal (46 g F // 33 g EW // 6 g KH)*

Spätzle In einem großen Topf reichlich **Salzwasser** zum Kochen bringen. Die **Eier** mit der Gabel verschlagen. Die **Chiasamen** im Blitzhacker möglichst fein zerkleinern, mit **Sojamehl, Salz** und **Kurkuma** klümpchenfrei vermischen. Die Mehlmischung nach und nach mit den Eiern zu einem halbfesten Teig verrühren. // Die Temperatur des Wassers so reduzieren, dass es gerade noch siedet. Den Teig portionsweise auf ein Spätzlesieb oder einen Spätzlelöffel geben und in das siedende Wasser streichen. Sobald die Spätzle an der Oberfläche schwimmen, sind sie fertig. Mit einer Schaumkelle herausheben, abtropfen lassen und in eine Schüssel geben. Mit dem restlichen Teig genauso verfahren.

Pilze **Pilze** trocken putzen und in mundgerechte Stücke beziehungsweise in etwa 5 mm dicke Scheiben schneiden. Kleine Pilze halbieren oder ganz lassen. **Schalotte** und **Knoblauch** schälen und fein hacken. Die **Petersilie** abbrausen, trocken tupfen und hacken. // Eine große Pfanne erhitzen und die Pilze unter Rühren ohne Fett so lange anbraten, bis die ausgetretene Flüssigkeit wieder verdampft ist. (Dabei die festen Pilze zuerst in die Pfanne geben und zum Beispiel Austernpilze 1–2 Minuten später zugeben). 1 EL **Öl** zugeben und die Pilze darin wenden. Dann erst **salzen** und **pfeffern.** Nach 5 Minuten sind die Pilze fertig. Herausnehmen und in einer Schüssel unter Alufolie warm halten. // Restliches **Öl** in die Pfanne geben und Schalotten und Knoblauch darin glasig anschwitzen. **Pilzfond** und **Noilly Prat** angießen und auf die Hälfte einkochen. Den **Frischkäse** einrühren und die Sauce cremig einkochen. Mit **Salz, Pfeffer** und **Zitronenschale** abschmecken. Nach Belieben mit **Muskatnuss** würzen. Die Pilze zugeben. // Die Spätzle in der Pilzpfanne erwärmen, mit der Petersilie bestreuen.

6 g KH

Die Spätzle passen auch zum Geschnetzelten (Seite 81), zur Bolognese (Seite 82) oder zu dem Kotelett mit Petersilien-Butter-Sauce (Seite 78). Die Pilzpfanne passt zu Flanksteak (Seite 90), Entrecôte (Seite 62) oder Hüftsteak (Seite 86), aber auch vegetarisch kombiniert zu Beilagen wie Topinambur-„Bratkartoffeln" (Seite 77), gebratenem Sellerie (Seite 65) oder Petersilienwurzelpüree (Seite 66).

5 g KH

ÜBERBACKENE PORTOBELLOPILZE MIT MANDEL-MISO-TOPPING

VEGGIE

FÜR 2 PORTIONEN

250 g Petersilienwurzeln (geputzt 170 g)
3 EL Olivenöl
50 g rote Zwiebeln (geputzt 45 g)
5–7 Stängel glatte Petersilie (10 g)
2 Portobellopilze (à 80 g; geputzt 140 g)
40 g weißes Mandelmus
2–3 EL Gemüsebrühe oder Wasser
knapp 1 EL weiße Misopaste (12 g)
2 TL abgeriebene Schale einer Biozitrone
2–3 TL Zitronensaft
Salz
Cayenne
schwarzer Pfeffer aus der Mühle
Muskatnuss

ZUBEREITUNGSZEIT *45 Minuten + 30 Minuten Backen*
NÄHRWERTE PRO PORTION *394 kcal (35 g F // 11 g EW // 5 g KH)*

Die **Petersilienwurzeln** schälen, waschen und in 2 cm große Würfel schneiden. // 1 EL **Öl** in einer großen beschichteten Pfanne erhitzen. Die Petersilienwurzeln zugeben und andünsten, die Temperatur auf mittlere Hitze reduzieren. 1–2 EL Wasser zugeben, einen Deckel auflegen und die Petersilienwurzeln etwa 20 Minuten sanft dünsten. Sie sollen dabei keine Farbe annehmen. // Inzwischen die **Zwiebeln** schälen, fein würfeln und in 1 EL **Öl** weich dünsten. Die **Petersilie** abbrausen, trocken tupfen und fein hacken. Die **Pilze** trocken putzen, die Stiele herausdrehen und die dunklen Lamellen mit einem scharfkantigen Löffel herauskratzen. // Für das Topping das **Mandelmus** mit der **Brühe** glatt rühren und die **Misopaste** unterrühren. Mit 1 TL **Zitronenschale,** etwas **Zitronensaft, Salz** und etwas **Cayenne** würzen. // Den Backofen auf 200 °C Umluft vorheizen. Sobald die Petersilienwurzeln gar sind, den Deckel abnehmen und die Wurzeln kurz weiterdünsten, bis alle Flüssigkeit verkocht ist. Herausnehmen und mit dem Stabmixer fein pürieren. Mit **Salz, Pfeffer, Muskatnuss, Zitronenschale** und **Zitronensaft** abschmecken, dann die Petersilie unterheben. // Die Pilzkappen mit der Öffnung nach unten in eine ofenfeste Form setzen und mit dem restlichen **Öl** bestreichen. Das Öl, das herunterläuft, zum Ausstreichen der Form nutzen. Die Pilze umdrehen, die Petersilienwurzelmasse hineinfüllen und 10 Minuten vorbacken. // Das Topping auf die Pilze löffeln und die Pilze weitere 15–20 Minuten backen. Falls das Topping zu stark bräunt, mit Alufolie locker abdecken.

WENN WENIG ZEIT IST

SCHNELLE GERICHTE

NICHT IMMER HAT MAN ZEIT

Auch wenn die Rezepte in den vorangegangenen Kapiteln verführerisch klingen und zum Nachkochen anregen – nicht immer hat man Lust auf ein aufwendiges Essen oder einfach nicht die Zeit. Dafür gibt es in diesem Kapitel ein paar einfache Rezepte für leckere Suppen, Salate und kleine Gerichte, die sich auch untereinander oder mit den Broten und Aufstrichen wunderbar kombinieren lassen.

Aber selbst dafür fehlt manchmal die Zeit. Und Hektik kann dazu führen, dass man zu einem schnellen Snack greift, der nicht LCHF-geeignet ist. Deshalb haben wir hier ein paar Vorschläge für einen perfekten Vorrat, aus dem sich auf die Schnelle eine Lunchbox füllen oder ein Reiseproviant zusammenstellen lässt. Aber auch für das gemütliche kleine Abendessen auf dem Sofa sind unsere Vorschläge wie gemacht.

PRAXIS-TIPPS

LOW-CARB-HIGH-FAT-GEEIGNETER VORRAT	
Eier (auch hart gekocht auf Vorrat)	Butter
Feta, Mozzarella	Mayonnaise
Hartkäse	Schmalz, Griebenschmalz
Serranoschinken	Oliven und Tapenade
Gekochter Schinken (Prosciutto cotto)	Mandeln, Salzmandeln, Mandelmus
Bacon	Kapern und Kapernäpfel
Salami, Minisalami	Kürbiskerne, Macadamianüsse

MIT UNSEREN LC-BROTEN UND DEM RICHTIGEN GEMÜSE LASSEN SICH DAMIT GROSSARTIGE SANDWICHES HERSTELLEN:

SANDWICHES TO GO

- Sandwich mit Sauerkraut, Senf-Mayonnaise und Pastrami
- Sandwich mit Rotkohl-Slaw, Chili-Mayonnaise und Prosciutto cotto
- Sandwich mit Lardo, Tomaten und Basilikum
- Sandwich mit Aioli, Romanasalat und Bacon
- Sandwich mit Griebenschmalz, Radieschen und altem Gouda
- Sandwich mit Räucheraal, Meerrettich-Frischkäse und Kresse

ODER MAN FÜLLT FÜR UNTERWEGS SEINE LCHF-LUNCHBOX:

LUNCH-BOXES

- Möhren- und Kohlrabisticks mit verschiedenen Low-Carb-Dips/-Aufstrichen
- Tapas (Pimentos, Oliven, Chorizo, Käse, Salzmandeln)
- Harte Eier, Tapenade, Kapern-Mayonnaise, Kirschtomaten
- Brotzeit (Minisalami, Radieschen, Obazda, Minigurke, Low-Carb-Brotchips)
- Getrocknete Schinkenchips, Käsewürfel, Macadamianüsse, Möhrensticks
- Antipasti (eingelegtes Gemüse, Feta, Oliven, Serranoschinken, Salami)

LUST AUF ETWAS WARMES, ABER WENIG ZEIT? RÜHREIER UND OMELETTS SIND DIE PERFEKTEN SCHNELLEN LCHF-SNACKS:

AUF DIE SCHNELLE

- Rührei mit Sahne, Gouda und Schnittlauch
- Rührei mit Bacon, Kirschtomaten und Frühlingszwiebeln
- Rührei mit Gorgonzola, Schmand und Thymian
- Omelett mit Champignons oder Pfifferlingen, Crème fraîche und Petersilie
- Omelett mit getrockneten Tomaten, Ziegenfrischkäse und Basilikum
- Omelett mit Chorizo, Zucchini, Zwiebeln und Rosmarin
- Omelett mit Feta, Oliven und Kräutern der Provence

EIER IM HACKFLEISCHMANTEL

FÜR 2 PORTIONEN

4 Eier (M, 220 g)
2 schmale Frühlingszwiebeln (40 g)
125 g Rinderhackfleisch
125 g gemischtes Hackfleisch
1 Eigelb (15 g)
2 TL Dijonsenf (10 g)
1 EL Hüttenkäse (30 g)
Salz
schwarzer Pfeffer aus der Mühle
1 EL LC-Mandelmehl (7 g)
2 EL gemahlene braune Mandeln (15 g)
1 ½ EL Rapsöl

ZUBEREITUNGSZEIT *30 Minuten*
NÄHRWERTE PRO PORTION *675 kcal (54 g F // 43 g EW // 4 g KH)*

Die **Eier** etwa 5 Minuten wachsweich kochen. Kalt abschrecken und pellen. // Inzwischen die **Frühlingszwiebeln** putzen, waschen und sehr fein hacken. Beide Sorten **Hackfleisch** mit Frühlingszwiebeln, **Eigelb, Senf** und **Hüttenkäse** verkneten, mit **Salz** und **Pfeffer** würzen. // Den Teig in vier gleich große Portionen teilen, diese zu Kugeln formen und etwas flach drücken. // Die Eier im **Mandelmehl** wälzen, dann mit dem Hackfleisch umhüllen und darauf achten, dass die Fleischhülle überall gut verschlossen ist. Zum Schluss vorsichtig in den gemahlenen **Mandeln** wenden. // Das **Öl** in einer beschichteten Pfanne erhitzen und die Eier darin unter regelmäßigem Wenden 10–12 Minuten braten. Auf Küchenpapier abtropfen lassen und heiß servieren.

4 g KH

6 g KH

BOHNEN-AVOCADO-SALAT

VEGGIE

FÜR 2 PORTIONEN

200 g grüne Bohnen
Salz
1 EL Apfelessig
grüner Pfeffer aus der Mühle
1 TL Dijonsenf (5 g)
2 EL geröstetes Haselnussöl
(ersatzweise Walnussöl)
1 große Avocado (150 g Fruchtfleisch)
5–7 Stängel glatte Petersilie (10 g)

ZUBEREITUNGSZEIT *20 Minuten*
NÄHRWERTE PRO PORTION *328 kcal (32 g F // 4 g EW // 6 g KH)*

Die **Bohnen** putzen, waschen und abtropfen lassen. Bohnen in etwa 4 cm große Stücke schneiden. In einem Topf **Salzwasser** zum Kochen bringen, einen Dämpfeinsatz einlegen und die Bohnen darin über Dampf 10–12 Minuten garen. Herausnehmen und eiskalt abschrecken. // Inzwischen den **Essig** mit **Salz** und **Pfeffer** verrühren. Den **Senf** einrühren. Das **Öl** erst tropfenweise, dann im dünnen Strahl mit dem Schneebesen unterschlagen. // Die **Avocado** halbieren, entkernen und das Fruchtfleisch aus der Schale heben. Die Avocado in mundgerechte Stücke schneiden und sofort mit der Vinaigrette mischen. Die **Petersilie** abbrausen, trocken tupfen und hacken. Mit den Bohnen zur Avocado geben, alles gut mischen und sofort servieren.

CARPACCIO MIT KAPERN UND PARMESAN

FÜR 2 PORTIONEN

150 g Rinderfilet
30 g Rucola (geputzt 25 g)
2 ½ EL Trüffelöl (ersatzweise Olivenöl)
Flockensalz (z. B. Maldon Sea Salt)
schwarzer Pfeffer aus der Mühle
50 g Parmesan
20 g Salzkapern
1 Biozitrone

ZUBEREITUNGSZEIT *20 Minuten + 1 Stunde Einfrieren*
NÄHRWERTE PRO PORTION *358 kcal (27 g F // 26 g EW // 1 g KH)*

Das **Filet** in Frischhaltefolie wickeln und 1 Stunde in den Tiefkühler legen. Inzwischen den **Rucola** verlesen und von harten Stielen befreien. Den Rucola waschen und trocken schleudern. // Zwei große Teller mit insgesamt ½ EL **Öl** dünn bestreichen. Das Fleisch aus dem Tiefkühler nehmen und in hauchdünne Scheiben schneiden. Die Scheiben leicht überlappend auf den Tellern verteilen. Den Rucola darauf anrichten. // Das restliche **Öl** über das Fleisch träufeln und das Carpaccio mit **Flockensalz** und grob gemahlenem **Pfeffer** bestreuen. Den **Parmesan** in Späne hobeln und darüberstreuen. Die **Kapern** auf dem Fleisch verteilen. Die **Zitrone** heiß waschen und trocken reiben. Längs halbieren, eine Hälfte in schmale Spalten schneiden und dazulegen, den Rest anderweitig verwenden.

Anmerkung *Wem die Kapern zu salzig sind, der wässert sie vor Gebrauch: Die Kapern in reichlich kaltes Wasser legen und das Wasser mit dem gelösten Salz wegschütten. Bei Bedarf mehrmals wiederholen. Vor dem Verwenden die Kapern trocken tupfen.*

1 g KH

3 g KH

PILZ GOES BURGER

VEGGIE

FÜR 2 PORTIONEN

4 Portobellopilze (à 70 g, geputzt zusammen 200 g)
3 EL Olivenöl
Salz
schwarzer Pfeffer aus der Mühle
30 g Tomatenmark
2 TL Sambal Oelek (10 g)
125 g Mozzarella
1 Tomate (etwa 80 g)

ZUBEREITUNGSZEIT *25 Minuten*
NÄHRWERTE PRO PORTION *399 kcal (35 g F // 17 g EW // 3 g KH)*

Die **Pilze** trocken putzen, die Stiele herausdrehen und die Lamellen mit einem scharfkantigen Löffel herauskratzen. // 1 EL **Öl** in einer Pfanne erhitzen und die Pilze darin 4–5 Minuten braten, bis sie fast gar sind. Herausnehmen, **salzen** und **pfeffern.** // Das **Tomatenmark** mit dem **Sambal Oelek** verrühren und in den Pilzkappen verstreichen. Den **Mozzarella** abtropfen lassen, trocken tupfen und in zwei gleich große Scheiben schneiden. Mozzarellascheiben in zwei Pilzkappen legen, die anderen beiden Pilzkappen leer lassen. Mozzarella **salzen** und **pfeffern.** // Die **Tomate** waschen, quer in Scheiben schneiden, ebenfalls **salzen** und **pfeffern** und auf dem Mozzarella verteilen. Jede gefüllte Pilzkappe mit einer leeren abdecken und zusammendrücken. Von außen mit 1 EL **Öl** bestreichen. // Einen Kontaktgrill (Sandwichgrill) erhitzen. Das restliche **Öl** auf den Grillplatten verstreichen. Die Pilze hineingeben, das Gerät schließen (eventuell fest zusammendrücken) und die Pilze auf mittlerer Stufe 4–5 Minuten grillen, bis sie durchgegart sind und der Mozzarella in ihrem Inneren geschmolzen ist.

AVOCADO-EIER MIT GESCHMOLZENEN TOMATEN

VEGGIE

FÜR 2 PORTIONEN

2 Tomaten (150 g)
2 Frühlingszwiebeln (30 g)
30 g Butter
1 TL Sambal Oelek (5 g)
1 mittelgroße Avocado
(125 g Fruchtfleisch)
4 Eier (M, 220 g)
Salz
schwarzer Pfeffer aus der Mühle

ZUBEREITUNGSZEIT *20 Minuten*
NÄHRWERTE PRO PORTION *445 kcal (40 g F // 17 g EW // 4,5 g KH)*

Die **Tomaten** waschen, trocken reiben und quer in nicht zu dünne Scheiben schneiden, den Stielansatz dabei wegschneiden. Die **Frühlingszwiebeln** putzen, das Weiße hacken, das Grüne in dünne Ringe schneiden. // In einer großen beschichteten Pfanne die Hälfte der **Butter** erhitzen, bis sie schäumt. Die Tomaten zugeben und bei sanfter Hitze dünsten, dabei ein- bis zweimal wenden. // In einer zweiten Pfanne die restliche **Butter** erhitzen, das Zwiebelweiß darin anschwitzen. **Sambal Oelek** zugeben und untermischen. Die **Avocado** halbieren und entkernen, das Fruchtfleisch herauslösen und grob zerschneiden. Zu den Zwiebeln geben und 3–4 Minuten sanft braten. Die **Eier** aufschlagen, vorsichtig in die Pfanne gleiten lassen und als Spiegeleier fertig braten. **Salzen** und **pfeffern.** // Die Tomaten ebenfalls **salzen** und **pfeffern** und auf zwei Teller verteilen. Die Avocado-Eier daraufsetzen und mit dem Zwiebelgrün bestreuen.

4,5 g KH

Avocados und Eier sind unglaublich vielseitig und perfekt für jedes Low-Carb-Gericht. In dieser Supereasy-Variante ersetzt die Avocado den Speck als klassischen Begleiter von Spiegeleiern.

7,5 g KH

TOPINAMBUR-AVOCADO-SUPPE

VEGGIE

FÜR 2 PORTIONEN

300 g Topinambur (225 g)
Salz
5–7 Stängel glatte Petersilie (10 g)
1 Stange Sellerie (50 g; möglichst aus der Mitte der Staude)
1 Schalotte (30 g)
1 Biolimette
2 EL Olivenöl
2 EL Noilly Prat
etwa 400 ml Gemüsebrühe
½ mittelgroße reife Avocado (60 g Fruchtfleisch)
3 EL Sahne (45 g)
grüner Pfeffer aus der Mühle
Cayenne

ZUBEREITUNGSZEIT *35 Minuten*
NÄHRWERTE PRO PORTION *336 kcal (30 g F // 5 g EW // 7,5 g KH)*

Die **Topinamburknollen** gründlich waschen und in **Salzwasser** etwa 20 Minuten gar kochen. Inzwischen die **Petersilie** abbrausen und trocken tupfen. Die Blätter und Stängel separat hacken. Den **Sellerie** putzen, entfädeln, waschen und klein würfeln. Die **Schalotte** schälen und fein würfeln. Die **Limette** heiß waschen und trocken reiben. 1 TL Schale abreiben, 1 EL Saft auspressen. // Die Schalotte im **Öl** glasig anschwitzen. Petersilienstängel und Selleriewürfel zugeben, 2–3 Minuten andünsten, mit dem **Noilly Prat** ablöschen und kurz einkochen lassen. 300 ml **Brühe** angießen und aufkochen. // Den Topinambur abgießen, etwas ausdampfen lassen und pellen. Kleine verbliebene Stacheln herausziehen. Die Knollen grob zerkleinern und in die Brühe geben. Die **Avocado** halbieren, die Hälften auseinanderdrehen. Die Hälfte mit Kern in Frischhaltefolie wickeln und im Kühlschrank für eine andere Verwendung aufbewahren, aus der anderen Hälfte das Fruchtfleisch heben, grob schneiden und in der Suppe heiß werden lassen. Die Hälfte der Petersilienblätter und die **Sahne** zugeben. // Die Suppe mit dem Stabmixer pürieren, je nach gewünschter Konsistenz noch etwas **Brühe** zugeben. // Mit Limettensaft, Limettenschale, **Salz, Pfeffer** und **Cayenne** abschmecken. Mit den restlichen Petersilienblättern bestreuen.

Variante *Die Avocado klein würfeln und nicht mitpürieren, sondern als Einlage in die Suppe geben.*

EIERSALAT À LA TABOULÉ

VEGGIE

FÜR 2 PORTIONEN

4 Eier (M, 220 g)
2 Bund glatte Petersilie (50 g)
2 Frühlingszwiebeln
1–2 Knoblauchzehen (5 g)
100 g Kirschtomaten
30 g schwarze Oliven
1 TL Dijonsenf (5 g)
2 TL Zitronensaft
Salz
schwarzer Pfeffer aus der Mühle
3 EL Olivenöl
eventuell 1–2 EL Brühe

ZUBEREITUNGSZEIT *25 Minuten*
NÄHRWERTE PRO PORTION *454 kcal (40 g F // 17 g EW // 7 g KH)*

Die **Eier** 10 Minuten hart kochen. Inzwischen die **Petersilie** abbrausen, trocken tupfen und eher grob hacken. Die **Frühlingszwiebeln** putzen und waschen. Das Weiße hacken, das Grüne in schmale Ringe schneiden. Den **Knoblauch** schälen und sehr fein hacken. Die **Tomaten** waschen und vierteln, die Stielansätze dabei entfernen. Die **Oliven** vom Stein schneiden und hacken. Alles locker miteinander mischen. // Die Eier kalt abschrecken, schälen und halbieren. Ein Eigelb durch ein Sieb streichen, mit **Senf, Zitronensaft,** Knoblauch, **Salz** und **Pfeffer** verrühren. Unter ständigem Rühren das **Öl** erst tropfenweise, dann im dünnen Strahl zugeben, bis man eine cremige mayonnaiseartige Sauce hat. 1–2 EL heißes Wasser oder **Brühe** unterrühren, bis die Sauce die gewünschte Konsistenz erreicht hat. // Die anderen Eier und das übrige Eiweiß hacken und unter den Salat mischen. Das Dressing darüber verteilen, den Salat vorsichtig mischen und sofort servieren.

7 g KH

0,5 g KH

AVOCADO IN PANCETTA

FÜR 2 PORTIONEN

1 mittelgroße Avocado
(125 g Fruchtfleisch)
Salz
schwarzer Pfeffer aus der Mühle
80 g Pancetta, hauchdünn geschnitten
1 EL Olivenöl

ZUBEREITUNGSZEIT *10 Minuten*
NÄHRWERTE PRO PORTION *348 kcal (35 g F // 8 g EW // 0,5 g KH)*

Die **Avocado** schälen, halbieren und entkernen. Jede Hälfte längs in vier Spalten schneiden. Leicht **salzen** und kräftig **pfeffern.** // Die Avocadospalten in die **Speckscheiben** wickeln und im heißen **Öl** von allen Seiten 4–5 Minuten braten, bis der Speck kross und leicht gebräunt ist. // Sofort servieren.

Tipp *Dazu passt ein grüner Salat. Die Avocado-Pancetta-Häppchen eignen sich auch gut als Teil eines feinen Frühstücksbuffets.*

MOZZARELLA MIT SCHARFEM SPECK

FÜR 2 PORTIONEN

80 g Bacon
3–4 Frühlingszwiebeln (60 g)
250 g Mozzarella (am besten Büffelmozzarella)
Salz
schwarzer Pfeffer aus der Mühle
1 TL Olivenöl
40 g Tomatenmark
2 TL Sambal Oelek (10 g)

ZUBEREITUNGSZEIT *20 Minuten*
NÄHRWERTE PRO PORTION *483 kcal (38 g F // 31 g EW // 4,5 g KH)*

Den **Bacon** in schmale Streifen oder Würfel schneiden und in einer Pfanne ohne weiteres Fett langsam auslassen. // Inzwischen die **Frühlingszwiebeln** putzen und waschen. Das Weiße hacken, das Grüne in Ringe schneiden. Den **Mozzarella** trocken tupfen, in Scheiben schneiden, auf zwei Tellern anrichten und mit **Salz** und **Pfeffer** würzen. // Den krossen Bacon aus der Pfanne auf einen Teller heben. Das **Olivenöl** zum Speckfett geben und das Zwiebelweiß darin anbraten. Das **Tomatenmark** zugeben, unter Rühren anrösten und mit 2–3 EL Wasser zu einer nicht zu flüssigen Paste verrühren. Das **Sambal Oelek** einrühren, den Speck wieder in die Pfanne geben und gut untermischen. // Die Speckmischung auf den Mozzarellascheiben verteilen und mit dem Zwiebelgrün bestreut servieren.

Mozzarella mit Tomate und Basilikum ist der Klassiker. Diese Variante ist ebenfalls schnell gemacht und bringt Abwechslung ins Low-Carb-Abendessen.

7,5 g KH

LAUCHSUPPE MIT CHEDDAR UND HACKFLEISCH

FÜR 2 PORTIONEN

1 große Stange Lauch, davon nur das Weiße und Hellgrüne (etwa 250 g)
2 EL Olivenöl
250 g gemischtes Hackfleisch
Salz
schwarzer Pfeffer aus der Mühle
500 ml Fleischbrühe (möglichst selbst gemacht)
50 g Cheddar (möglichst länger gereift)
je 1–2 Stängel Majoran (ersatzweise 1 TL getrockneter Majoran) und glatte Petersilie (3 g)
100 g Frischkäse (Doppelrahmstufe)
Muskatnuss
1–2 Msp. Cayenne

ZUBEREITUNGSZEIT *25 Minuten*
NÄHRWERTE PRO PORTION *764 kcal (64 g F // 39 g EW // 7,5 g KH)*

Den weißen und hellgrünen Teil vom **Lauch** gründlich waschen und abtropfen lassen. Die Lauchstange der Länge nach vierteln, dann quer in 0,5 cm dicke Scheiben schneiden. // Das **Öl** erhitzen und das **Hackfleisch** darin unter Rühren scharf anbraten, **salzen** und **pfeffern.** Den Lauch zugeben, unter Rühren 3–4 Minuten anbraten. Die **Brühe** angießen, aufkochen und abgedeckt etwa 10 Minuten köcheln lassen. // Inzwischen den **Käse** fein reiben. Die **Kräuter** abbrausen, trocken tupfen und fein hacken. // Den Cheddar in der Suppe schmelzen lassen und den **Frischkäse** einrühren. Noch 2–3 Minuten köcheln lassen, mit **Salz, Pfeffer, Muskatnuss** und **Cayenne** kräftig würzen. Die Suppe in zwei Schalen geben und mit den gehackten Kräutern bestreuen.

Tipp *Mit geröstetem Saaten- oder Sesambrot servieren, auch als Croûtons. Oder Scheiben von übrigen Semmelknödeln (Seite 81) in der Suppe erwärmen.*

ÜBERBACKENES BROT
MIT LIMBURGER UND RADIESCHEN-SCHNITTLAUCH-SALAT

VEGGIE

FÜR 2 PORTIONEN

Für das überbackene Brot
4 Scheiben LC-Schwarzbrot* (Seite 30)
25 g Butter
Salz
schwarzer Pfeffer aus der Mühle
4 TL Dijonsenf (20 g)
200 g Limburger (40 % Fett)
Für den Radieschensalat
1 großes Bund Radieschen (geputzt 250 g)
½ Bund Schnittlauch
Salz
schwarzer Pfeffer aus der Mühle
1 EL Apfelessig
1 TL Dijonsenf (5 g)
2 EL Olivenöl

** Wenn Sie ein anderes LC-Brot verwenden, ändern sich die Nährwerte entsprechend.*

ZUBEREITUNGSZEIT *20 Minuten*
NÄHRWERTE PRO PORTION *523 kcal (43 g F // 26 g EW // 6 g KH)*

Brot Den Backofen auf 200 °C Ober-/Unterhitze vorheizen. Die **Brote** mit der **Butter** bestreichen, **salzen** und **pfeffern,** dann mit dem **Senf** bestreichen. // Den **Limburger** in gleichmäßige Scheiben schneiden. Die Brote damit belegen, die Kanten mit der Rotschmiere nach unten. // Die Brote in eine ofenfeste Form legen und im vorgeheizten Ofen 10–12 Minuten backen, bis der Käse verläuft und anfängt, Blasen zu bilden.

Salat Inzwischen den Salat zubereiten: Die **Radieschen** waschen und trocken tupfen. Die Wurzeln wegschneiden, von dem Grün einen Rest stehen lassen, damit man die Radieschen besser greifen kann. Die Radieschen vorsichtig auf einem Hobel in hauchdünne Scheibchen hobeln, das Grün wegwerfen. **Schnittlauch** abbrausen, trocken tupfen und in dünne Röllchen schneiden. // Die Radieschen **salzen** und kurz ziehen lassen. Inzwischen den **Essig** mit **Senf, Salz** und **Pfeffer** verrühren, dann das **Öl** unterschlagen. Über die Radieschen geben. Den Schnittlauch unter den Salat mischen. // Die heißen Brote mit dem Salat anrichten.

NÄHRWERTE UND ZUBEREITUNGSZEITEN
separat und pro Portion

Brote
363 kcal (27 g F // 24 g EW // 3 g KH)
15 Minuten

Radieschensalat
160 kcal (16 g F // 2 g EW // 3 g KH)
10 Minuten

6 g KH

OHNE ZUCKER UND ZUCKERAUSTAUSCHSTOFFE

FRÜHSTÜCKSIDEEN UND DESSERTS

FÜR JE 2 PORTIONEN

ZUBEREITUNGSZEIT *jeweils 5 Minuten*

MORNING COFFEE „KOKOS“

NÄHRWERTE PRO PORTION *41 kcal (5 g F // 0 g EW // 0 g KH)*

2 TL Kokosöl (10 g)
400–500 ml frisch zubereiteter Kaffee

Das **Kokosöl** in den heißen **Kaffee** rühren, bis es sich gelöst hat, dann mit dem Aufschäumer durchmixen, bis sich das Fett ganz fein verteilt hat.

MORNING COFFEE „MANDEL“

NÄHRWERTE PRO PORTION *46 kcal (4 g F // 2 g EW // 0 g KH)*

1 EL weißes Mandelmus (15 g)
400–500 ml frisch zubereiteter Kaffee

Das **Mandelmus** zunächst in einem Viertel des heißen **Kaffees** unter Rühren vollständig auflösen, dann den restlichen **Kaffee** zugeben, nochmals umrühren.

MORNING COFFEE „SAHNE“

NÄHRWERTE PRO PORTION *93 kcal (10 g F // 1 g EW // 1 g KH)*

4 EL Sahne (60 g)
400–500 ml frisch zubereiteter Kaffee

Die **Sahne** nach Belieben leicht schlagen oder direkt in den **Kaffee** rühren.

Tipp *Wer bislang seinen Kaffee mit viel Zucker und Milch getrunken hat, wird sich schwertun, auf diese Geschmacksrichtung zu verzichten. Die Varianten „Kokos“ und „Mandel“ machen die Umstellung leichter, denn sie geben dem Kaffee eine leichte Süße und etwas Üppiges. Das ist gut für alle, die für den Tag ein eiweißreiches Essen geplant haben oder nach weiteren Wegen suchen, Kohlenhydrate einzusparen und den Fettanteil etwas hochzuschrauben. Wer auf einen hellen Kaffee nicht verzichten mag, nimmt statt Milch lieber Sahne, entweder flüssig eingerührt oder leicht geschlagen.*

MORNING COFFEE „KOKOS“

0 g KH

MORNING COFFEE „MANDEL“

0 g KH

MORNING COFFEE „SAHNE“

1 g KH

Diese kleinen „Brötchen“ sind fast so hell wie Weizenbrötchen und haben die Konsistenz eines Biskuitgebäcks, sind aber aufgrund ihrer Zutaten sehr gehaltvoll – ideal mit feineren Pasten, Leberpasteten, Foie gras oder als Gebäck zu einer feineren Suppe. Schnell gemacht, eignen sie sich auch perfekt für das Frühstück – zusammen mit den passenden So-tun-als-ob-süß-Aufstrichen.

MANDEL-WHOOPIES

FÜR 12 FLACHE WHOOPIES ODER 6 HÖHERE MINIBRÖTCHEN

50 g gemahlene blanchierte Mandeln
⅓ Päckchen Backpulver (5 g)
2 TL Apfelessig
40 g weißes Mandelmus
2 Eier (L, 120 g)
1 gute Prise Salz
2 TL Olivenöl
2 TL geschälte Hanfsamen (oder 1–2 TL Mohnsamen, geschälter Sesam o. Ä.)

NÄHRWERTE

Die gebackenen Brötchen wiegen circa 180 g.

pro Stück bei 6 Brötchen
148 kcal (13 g F // 7 g EW // 1 g KH)

Pro Stück bei 12 Whoopies
74 kcal (7 g F // 3 g EW // 0,5 g KH)

Pro 100 g
493 kcal (44 g F // 22 g EW // 3,5 g KH)

ZUBEREITUNGSZEIT *10 Minuten + 18–25 Minuten Backen*

Den Backofen auf 180 °C Ober-/Unterhitze vorheizen. Die **Mandeln** im Blitzhacker nach Belieben etwas feiner mahlen. In eine Schüssel geben, darauf das **Backpulver** sieben und direkt darauf den **Essig** geben, damit er mit dem Backpulver reagieren kann. // **Mandelmus, Eier** und **Salz** zugeben, mit den Quirlen des Handmixers kräftig durchmixen. Sechs oder alle zwölf Mulden der Whoopieform mit dem **Öl** auspinseln. Je nach gewünschter Dicke den Teig auf alle oder nur auf sechs Mulden verteilen. Mit den **Hanfsamen** bestreuen. // Im vorgeheizten Ofen (zweite Schiene von unten) die flacheren Whoopies 18 Minuten backen, die etwas höheren Brötchen etwa 25 Minuten. // Herausnehmen, aus der Form lösen und auf einem Kuchengitter auskühlen lassen.

ORANGEN-MANDEL-BUTTER

FÜR 6 PORTIONEN À 25 G

100 g weiche Butter
40 g weißes Mandelmus
1 EL abgeriebene Schale einer Bioorange
1 TL Zitronensaft
2–3 Spritzer Angostura Orange
Vanillesalz (Seite 184)
frisch geriebene Tonkabohne
Cayenne

NÄHRWERTE

Pro Portion
169 kcal (18 g F // 2 g EW // 0,5 g KH)

Pro 100 g
677 kcal (71 g F // 7 g EW // 3 g KH)

ZUBEREITUNGSZEIT *5 Minuten*

Butter und **Mandelmus** gründlich miteinander verrühren, abgeriebene **Orangenschale** und **Zitronensaft** unterrühren. Mit **Angostura, Vanillesalz, Tonkabohne** und etwas **Cayenne** abschmecken.

Anmerkung *Die Butter enthält weder Zucker noch Honig. Trotzdem empfindet man sie als süß. Sie ist ideal als Frühstücksbutter, zum Beispiel auf dem Sandwichbrot (Seite 46).*

SPICY TRINKSCHOKOLADE

FÜR 2 PORTIONEN

75 g Sahne
etwas Tonka-Schokoladen-Salz (Tipp rechts) oder geriebene Tonkabohne
35 g Schokolade (99 % Kakao)
2 EL dunkles Kakaopulver (15 g) + etwas zum Bestäuben
2 TL Kokosöl (10 g)
1 Msp. Vanillepulver
1 Msp. Cayenne

ZUBEREITUNGSZEIT *10 Minuten*
NÄHRWERTE PRO PORTION *255 kcal (25 g F // 5 g EW // 3,5 g KH)*

Die **Sahne** mit einem Hauch **Tonkasalz** mischen und leicht aufschlagen. **Schokolade** in Stückchen brechen und in 250 ml kochend heißem Wasser unter Rühren auflösen. Das **Kakaopulver** zugeben und gründlich einrühren. Das **Kokosöl** zugeben, auflösen und alles mit dem Aufschäumer durchmixen. // Mit **Vanille** und **Cayenne** würzen und nochmals durchmixen. // Die Trinkschokolade auf zwei Becher verteilen, die Sahne darauflöffeln und mit etwas **Kakaopulver** bestäuben.

Tipp zum Selbstmachen: Tonka-Schokoladen-Salz für die Mühle *3–4 Tonkabohnen pfefferkorngroß hacken und mit 1 EL schwarzen Pfefferkörnern, 2 EL Kakaobohnensplittern und etwa 150 g grobem, für die Salzmühle geeignetem Salz mischen und in die Mühle füllen. Nach einigen Tagen hat das Salz das Tonka-Aroma angenommen.*

3,5 g KH

Hier wird der fehlende Zucker durch mild-süßliches Kokosöl und sanfte Sahne ausgeglichen. Herbe und scharfe Gewürze sorgen für Tiefe und machen das Getränk so richtig rund.

CHIA-JAM „BROMBEERE-HASELNUSS“
1,5 g KH
1,5 g KH
CHIA-JAM „BLAUBEERE-KOKOS“
1 g KH
CHIA-JAM „HIMBEERE“

FÜR JEWEILS 8 PORTIONEN À 25 G

ZUBEREITUNGSZEIT *jeweils 5 Minuten + 2 Stunden Kühlen*

CHIA-JAM „BROMBEERE-HASELNUSS“

150 g Brombeeren
1 TL Zitronensaft
20 g Chiasamen
25 g Haselnussmus
Vanillepfeffer (Tipp rechts) und/oder Tonka-Schokoladen-Salz (Seite 180)

NÄHRWERTE PRO PORTION *41 kcal (3 g F // 1 g EW // 1,5 g KH)*

Brombeeren und **Zitronensaft** mit dem Stabmixer pürieren, die **Chiasamen** einrühren. Nach 5 Minuten noch einmal gut umrühren, dann 2 Stunden im Kühlschrank quellen lassen. // Das **Haselnussmus** unterrühren, mit **Vanillepfeffer** und/oder **Tonka-Schokoladen-Salz** würzen.

CHIA-JAM „BLAUBEERE-KOKOS“

150 g Blaubeeren
1 TL Limettensaft
25 g Chiasamen
20 g Kokosmus
tasmanischer Bergpfeffer (ersatzweise schwarzer Pfeffer)
Vanille, Vanillesalz (Seite 184) oder Vanillepfeffer aus der Mühle (Tipp rechts)

NÄHRWERTE PRO PORTION *38 kcal (3 g F // 1 g EW // 1,5 g KH)*

Die **Blaubeeren** mit dem **Limettensaft** so fein wie möglich pürieren, die **Chiasamen** einrühren. Nach 5 Minuten noch einmal gut umrühren, dann 2 Stunden im Kühlschrank quellen lassen. // Herausnehmen und Zimmertemperatur annehmen lassen. Das **Kokosmus** einrühren und gründlich untermischen. Nach Belieben mit **Pfeffer** und **Vanille** oder **Vanillemischungen** würzen.

Tipp zum Selbstmachen: Vanillepfeffer für die Mühle *Die getrockneten Stückchen von 2–3 Vanilleschoten (siehe: Vanillesalz) mit etwa 150 g schwarzen Pfefferkörnern, zum Beispiel Tellicherrypfeffer, mischen und in die Mühle füllen. Perfekt zu Thunfisch, zu dunklem Fleisch wie Rind, Ente oder Reh sowie zu Gemüse, zum Beispiel zu grünem Spargel, Kürbis, Roter Bete und Rotkohl.*

CHIA-JAM „HIMBEERE“

150 g Himbeeren
25 g Chiasamen
25 g weißes Mandelmus
Vanille aus der Mühle und/oder geriebene Tonkabohne, nach Belieben auch Vanillesalz (Seite 184), Vanillepfeffer (Tipp oben rechts) oder Tonka-Schokoladen-Salz (Seite 180).

NÄHRWERTE PRO PORTION *39 kcal (3 g F // 2 g EW // 1 g KH)*

Die **Himbeeren** mit dem Stabmixer pürieren, die **Chiasamen** einrühren. Nach 5 Minuten noch einmal gut umrühren, dann 2 Stunden im Kühlschrank quellen lassen. // **Mandelmus** unterrühren, mit **Vanille** und/oder **Tonkabohne** würzen.

Tipp *Mit einem Becher (125 g) griechischem Joghurt oder 125 g Quark (20 % Fett) verrührt, wird aus der Jam ein feines Dessert oder ein süßes Frühstück.*
Variante *Einige klein gehackte Minzblätter mit den Himbeeren pürieren.*

VERWENDUNGSTIPP

EIN FAST SÜSSES FRÜHSTÜCK

ZUBEREITUNGSZEIT 5 MINUTEN
NÄHRWERTE PRO PORTION *320 kcal (29 g F // 9 g EW // 4,5 g KH)*

Eine Scheibe **Möhren-Mandel-Brot** (40 g; Seite 34) mit 2 TL (10 g) **Kokosmus** (oder festem **Kokosöl), Mandelmus** oder **Butter** bestreichen, darauf eine Portion Chia-Jam „Brombeere-Haselnuss“ streichen, mit ¼ **Avocado** (30 g) in Scheiben belegen.

SCHOKOLADENSAHNE MIT HIMBEEREN

FÜR 2 PORTIONEN

100 g Sahne
2 TL dunkles Kakaopulver (5 g) + etwas zum Bestäuben
1 Prise Tonka-Schokoladen-Salz (Seite 180) oder feines Flockensalz und geriebene Tonkabohne
1 Msp. Vanillepulver
1 Msp. Chili Ancho oder Cayenne
100 g Quark (40 % Fett)
50 g Himbeeren

ZUBEREITUNGSZEIT *10 Minuten*
NÄHRWERTE PRO PORTION *251 kcal (22 g F // 8 g EW // 4,5 g KH)*

Die **Sahne** mit **Kakao, Tonka-Schokoladen-Salz, Vanillepulver** und etwas **Chili** verrühren und steif schlagen. // Den **Quark** glatt rühren, die Schokoladensahne spiralig einrühren. Die **Himbeeren** verlesen, behutsam putzen und auf dem Dessert verteilen. Mit etwas **Kakaopulver** bestäuben.

AVOCADO-HIMBEER-DESSERT

FÜR 2 PORTIONEN

3 Stängel Minze (5 g)
1 große reife Avocado (150 g Fruchtfleisch)
2 TL Limettensaft
75 g Quark (40 % Fett)
1 TL abgeriebene Schale einer Biolimette
2 Spritzer Angostura Orange
Vanillesalz (Tipp rechts)
100 g Himbeeren
1 Prise Cayenne (nach Belieben)

ZUBEREITUNGSZEIT *10 Minuten*
NÄHRWERTE PRO PORTION *249 kcal (22 g F // 6 g EW // 4 g KH)*

Die **Minze** abbrausen, trocken tupfen und die Blättchen abzupfen. Einige ganze Blättchen beiseitelegen, den Rest hacken. **Avocado** halbieren, den Kern entfernen und das Fruchtfleisch herausheben. Grob stückeln, in einen Mixbecher geben und mit dem **Limettensaft** beträufeln. **Quark** und Minze zugeben und alles mit dem Stabmixer pürieren. Mit **Limettenschale, Angostura** und **Vanillesalz** abschmecken. // Die **Himbeeren** verlesen, behutsam abbrausen und trocken tupfen. Einige Früchte als Deko beiseitelegen. Die übrigen zerdrücken und durch ein Sieb streichen. Nach Belieben mit einem Hauch **Cayenne** würzen. // Die Avocado-Quark-Mischung in Schälchen füllen, das Himbeerpüree darüberlöffeln. Mit ganzen Himbeeren und Minzeblättchen garnieren.

Tipp zum Selbstmachen: Vanillesalz für die Mühle *2–3 ganze Vanilleschoten (oder auch ausgekratzte Schoten) quer in 0,5 cm breite Stücke schneiden. Auf einem flachen Teller ausbreiten und in Heizungsnähe 2–3 Tage trocknen lassen. Die Vanillestücke mit 250 g grobem, für die Salzmühle geeignetem Salz mischen und in die Mühle füllen. Nach einigen Tagen hat das Salz das Vanillearoma angenommen. Ideal für Fischgerichte, Garnelen, Geflügel und Ente sowie für Vinaigrettes.*

An das Fehlen von Zucker muss man sich erst einmal gewöhnen. Es gibt aber einen Trick: Die Komplementärgeschmäcker „salzig" und „bitter" gleichen das Fehlen von Süße teilweise aus, denn sie betonen die natürliche Süße von Avocado und Himbeeren. Also nicht über Zutaten wie Salz und Angostura wundern, sondern ausprobieren – es funktioniert tatsächlich! Auch eine Prise Schärfe belebt das Dessert – und das kommt ganz ohne Zucker aus.

INDEX
UND BEILAGENREGISTER

INDEX

A

Aufstriche und Brote
Bacon-Brombeer-Chutney 22, 23
Blaubeerchutney 22, 23
Dunkles LC-Baguette 26
Dunkles LC-Nussbrot 57
Eier und Schnittlauch 39, 41
Fast originaler Obazda 39, 40
Gekochter Schinken und Kapern 32, 33
„Gerupftes Huhn" (Hähnchenfleisch und Schmalz) 39, 40
Hähnchenleberpastete mit Champignons 48, 49
Hummus aus Möhren und Mandeln 28, 29
Hummus aus Petersilienwurzeln 28, 29
Kaviar und Ei 54, 55
LC-Bauernbrötchen 42
LC-Brotchips 58
LC-Brot mit Hüttenkäse und Hanfsamen 53
LC-Fladenbrot 46
LC-Hanfbrot 58
LC-Kürbiskernbaguette mit Käse 50
LC-Möhren-Mandel-Brot oder Breadcake 34
LC-Quarkbrot 21
LC-Saatenbrot 37
LC-Sandwichbrot 46
LC-Schwarzbrot 30, 172
LC-Sesambrot 25
LC-Sesambrötchen 25
LC-Sonnenblumenkernbrot 18
Mandel-Safran-Dip 48, 49, 138
Paprika-Pekannuss-Dip 44, 45
Pilze und Petersilie 38, 39
Räucherforelle und Wasabi 54, 55
Rouille (Paprika-Mayonnaise) 44, 45
Speck und Tomaten 39, 41
Zitronen-Senf-Butter 32, 33
Avocado-Eier mit geschmolzenen Tomaten 160
Avocado-Himbeer-Dessert 184, 185
Avocado in Pancetta 167
Avocado-Pizza 127

B

Bacon-Brombeer-Chutney 22, 23
Beilagen
Auberginen-Thymian-Püree 68, 75, 93, 106
Avocado-Zucchini-Püree 92, 97, 101, 108
Blumenkohl-Chia-„Polenta" 88, 102, 103, 109
Blumenkohlpüree 64, 76, 78, 97, 101, 102, 125
Brokkoli-Avocado-Stampf 75, 87, 91, 116
„Couscous" aus Soja 89
Frischkäse-Zitronen-Minze-Dip 123, 139
Gebratener Sellerie 65
Grüne Pestobohnen 86
Grüne „Polenta" 124
Kräuter-Tomaten-Mascarpone-Sauce 103
Lauchgemüse 96, 97, 101, 106, 109, 113, 137
Mandel-Parmesan-Klößchen 83, 88, 136
Oliven-Sellerie-Stampf 64, 85, 91, 109, 110, 113, 125
Petersilienwurzelpüree 66, 75, 76, 79, 92, 101, 102, 110, 117, 125, 145
Pfannenspargel 63, 74, 91, 137
Safran-Kohlrabi-„Reis" 67, 80, 92, 98, 102, 107
Safran-Peperonata 63, 64, 100
Sahne-Sauerkraut mit Speckwürfeln 115
Selleriepüree 67, 68, 76, 80, 97, 99
Semmelknödel 80, 81, 88
Senf-Schmorgurken 109, 112
Spätzle 132, 144, 145
Thymian-Mandel-„Polenta" 69, 98, 110
Thymian-Pfeffer-Butter 63, 90
Tomatengemüse à la Pizzaiola 111
Topinambur-„Bratkartoffeln" 76, 77, 80, 84, 87, 91, 117, 145
Zucchini-Avocado-Gemüse 62, 64, 75, 79, 88, 110, 137
Blattspinat
mit Mandel-Parmesan-Klößchen und Safran-Sahne-Sauce 136
Blaubeerchutney 22, 23
Blumenkohl-Käse-Waffeln, pikante 131
Bohnen-Avocado-Salat 155
Burger 70, 71, 72, 73, 109, 159
Butternut-Halloumi-Rösti 123

C

Carpaccio mit Kapern und Parmesan 156
Cheesecake, pikanter 135
Chia-Jam „Blaubeere-Kokos“ 182, 183
Chia-Jam „Brombeere-Haselnuss“ 182, 183
Chia-Jam „Himbeere“ 182, 183
Confierter Lachs mit
Avocado-Zucchini-Püree 108

D

Dorade mit Selleriepüree 99
Dunkles LC-Baguette 26
Dunkles LC-Nussbrot 57

E

Eier im Hackfleischmantel 152
Eiersalat à la Taboulé 164
Eier und Schnittlauch 39, 41
Entenbrust mit Petersilienwurzelpüree 66
Entrecôte mit Zucchini-Avocado-Gemüse 62

F

Fast originaler Obazda 39, 40
Fisch
Confierter Lachs mit
Avocado-Zucchini-Püree 108
Dorade mit Selleriepüree 99
Garnelen auf Safran-Kohlrabi-„Reis“ 107
Kabeljau mit Senfsauce und
Brokkoli-Avocado-Stampf 116
Lachs mit Haselnusskruste und
Lauchgemüse 96
Mandelfisch mit Safran-Peperonata 100
Matjestatar mit Avocado 104
Rotbarsch auf scharfem Tomatengemüse
à la Pizzaiola 111
Seelachs in Kräuter-Tomaten-
Mascarpone-Sauce mit Blumenkohl-
Chia-„Polenta“ 103
Seeteufel auf Senf-Schmorgurken 112
Zander auf Sahne-Sauerkraut mit
Speckwürfeln 115
Flanksteak mit Thymian-Pfeffer-Butter 90
Fleisch
Burger 70, 71, 72, 73, 109, 159
Entenbrust mit Petersilienwurzelpüree 66
Entrecôte mit Zucchini-Avocado-Gemüse 62
Flanksteak mit Thymian-Pfeffer-Butter 90
Gekräuterte Lammlachse mit
Oliven-Sellerie-Stampf 85
Geschnetzeltes aus Schweinefilet mit
Semmelknödeln 81
Hüftsteaks und grüne Pestobohnen 86
Koteletts mit Petersilien-Butter-Sauce und
Blumenkohlpüree 78
Lammfilets mit Auberginen-Thymian-
Püree 93
Lammhackbällchen in Rotweinsauce mit
„Couscous“ aus Soja 89
Mediterran gewürzte Frikadellen mit
gebratenem Sellerie 65
Pfeffriges Zitronenhähnchen mit
Thymian-Mandel-„Polenta“ 69
Pizza bolognese 82
Schweinefilet in Pancetta mit
Pfannenspargel 74
Zwiebelsteaks mit Topinambur-
„Bratkartoffeln“ 77
Frikadellen, mediterran gewürzte, mit
gebratenem Sellerie 65
Frühstücksideen und Desserts
Avocado-Himbeer-Dessert 184, 185
Chia-Jam „Blaubeere-Kokos“ 182, 183
Chia-Jam „Brombeere-Haselnuss“ 182, 183
Chia-Jam „Himbeere“ 182, 183
Mandel-Whoopies 179
Morning Coffee „Kokos“ 176, 177
Morning Coffee „Mandel“ 176, 177
Morning Coffee „Sahne“ 176, 177
Orangen-Mandel-Butter 179
Schokoladensahne mit Himbeeren 184, 185
Spicy Trinkschokolade 180

G

Garnelen auf Safran-Kohlrabi-„Reis“ 107
Gefüllte Ochsenherztomaten mit
Käse-Nuss-Kruste 143
Gekochter Schinken und Kapern 32, 33

Gekräuterte Lammlachse mit Oliven-Sellerie-Stampf 85
„Gerupftes Huhn“ (Hähnchenfleisch und Schmalz) 39, 40
Geschnetzeltes aus Schweinefilet mit Semmelknödeln 81
Grüne „Polenta“ mit confiertem Eigelb 124
Grüner-Pfeffer-Sauce 72, 73

H

Hähnchenleberpastete mit Champignons 48, 49
Halloumi-Tomaten-Omelett 128
Hüftsteaks und grüne Pestobohnen 86
Hummus aus Möhren und Mandeln 28, 29
Hummus aus Petersilienwurzeln 28, 29

K

Kabeljau mit Senfsauce und Brokkoli-Avocado-Stampf 116
Käsespätzle mit geschmorten Schalotten 132
Kaviar und Ei 54, 55
Koteletts mit Petersilien-Butter-Sauce und Blumenkohlpüree 78

L

Lachs, confierter, mit Avocado-Zucchini-Püree 108
Lachs mit Haselnusskruste und Lauchgemüse 96
Lammfilets mit Auberginen-Thymian-Püree 93
Lammhackbällchen in Rotweinsauce mit „Couscous“ aus Soja 89
Lammlachse, gekräuterte, mit Oliven-Sellerie-Stampf 85
Lauchsuppe mit Cheddar und Hackfleisch 171
LC-Baguette, dunkles 26
LC-Bauernbrötchen 42
LC-Brotchips 58
LC-Brot mit Hüttenkäse und Hanfsamen 53
LC-Fladenbrot 46
LC-Hanfbrot 58
LC-Kürbiskernbaguette mit Käse 50
LC-Möhren-Mandel-Brot oder Breadcake 34
LC-Nussbrot, dunkles 57
LC-Quarkbrot 21
LC-Saatenbrot 37
LC-Sandwichbrot 46
LC-Schwarzbrot 30, 172
LC-Sesambrot 25
LC-Sesambrötchen 25
LC-Sonnenblumenkernbrot 18

M

Mandelfisch mit Safran-Peperonata 100
Mandelgnocchi mit brauner Butter und Parmesan 120
Mandel-Limette-Sauce 72, 73
Mandel-Safran-Dip 48, 49, 138
Mandel-Whoopies 179
Matjestatar mit Avocado 104
Mediterran gewürzte Frikadellen mit gebratenem Sellerie 65
Morning Coffee „Kokos“ 176, 177
Morning Coffee „Mandel“ 176, 177
Morning Coffee „Sahne“ 176, 177
Mozzarella mit scharfem Speck 168

O

Obazda, fast originaler 39, 40
Ochsenherztomaten, gefüllte, mit Käse-Nuss-Kruste 143
Orangen-Mandel-Butter 179

P

Paprika-Mayonnaise 44, 45
Paprika-Pekannuss-Dip 44, 45
Petersilien-Butter-Sauce 78, 80, 84, 145
Pfeffriges Zitronenhähnchen mit Thymian-Mandel-„Polenta“ 69
Pikante Blumenkohl-Käse-Waffeln 131
Pikanter Cheesecake 135
Pilze und Petersilie 38, 39
Pilz goes Burger 159
Pilzpfanne mit Spätzle 144
Pizza bolognese 82
„Polenta“, grüne, mit confiertem Eigelb 124

Portobellopilze, überbackene, mit Mandel-Miso-Topping 147

R

Räucherforelle und Wasabi 54, 55
Rotbarsch auf scharfem Tomatengemüse à la Pizzaiola 111
Rouille (Paprika-Mayonnaise) 44, 45

S

Schnelle Gerichte
Avocado-Eier mit geschmolzenen Tomaten 160
Avocado in Pancetta 167
Bohnen-Avocado-Salat 155
Carpaccio mit Kapern und Parmesan 156
Eier im Hackfleischmantel 152
Eiersalat à la Taboulé 164
Lauchsuppe mit Cheddar und Hackfleisch 171
Mozzarella mit scharfem Speck 168
Pilz goes Burger 159
Topinambur-Avocado-Suppe 163
Überbackenes Brot mit Limburger und Radieschen-Schnittlauch-Salat 172
Schokoladensahne mit Himbeeren 184, 185
Schweinefilet in Pancetta mit Pfannenspargel 74
Seelachs in Kräuter-Tomaten-Mascarpone-Sauce mit Blumenkohl-Chia-„Polenta“ 103
Seeteufel auf Senf-Schmorgurken 112
Sellerie in Mandelkruste mit Frischkäse-Zitronen-Minze-Dip 139
Spargeltarte mit Mandelboden 140
Speck und Tomaten 39, 41
Spicy Trinkschokolade 180

T

Tomate-Sambal-Sauce 72, 73
Tonka-Schokoladen-Salz 180
Topinambur-Avocado-Suppe 163
Trinkschokolade, spicy 180

U

Überbackene Portobellopilze mit Mandel-Miso-Topping 147
Überbackenes Brot mit Limburger und Radieschen-Schnittlauch-Salat 172

V

Vanillepfeffer 183
Vanillesalz 184
Vegetarisch
Avocado-Pizza 127
Blattspinat mit Mandel-Parmesan-Klößchen und Safran-Sahne-Sauce 136
Butternut-Halloumi-Rösti 123
Gefüllte Ochsenherztomaten mit Käse-Nuss-Kruste 143
Grüne „Polenta“ mit confiertem Eigelb 124
Halloumi-Tomaten-Omelett 128
Käsespätzle mit geschmorten Schalotten 132
Mandelgnocchi mit brauner Butter und Parmesan 120
Pikante Blumenkohl-Käse-Waffeln 131
Pikanter Cheesecake 135
Pilzpfanne mit Spätzle 144
Sellerie in Mandelkruste mit Frischkäse-Zitronen-Minze-Dip 139
Spargeltarte mit Mandelboden 140
Überbackene Portobellopilze mit Mandel-Miso-Topping 147

W

Worcestershire-Senf 71, 72, 73

Z

Zander auf Sahne-Sauerkraut mit Speckwürfeln 115
Zitronenhähnchen, pfeffriges, mit Thymian-Mandel-„Polenta“ 69
Zitronen-Senf-Butter 32, 33
Zwiebelsteaks mit Topinambur-„Bratkartoffeln“ 77

BEILAGENREGISTER

A

Auberginen-Thymian-Püree 68, 75, 93, 106
Avocado-Zucchini-Püree 92, 97, 101, 108

B

Blumenkohl-Chia-„Polenta“ 88, 102, 103, 109
Blumenkohlpüree 64, 76, 78, 97, 101, 102, 125
Brokkoli-Avocado-Stampf 75, 87, 91, 116

C

„Couscous“ aus Soja 89

F

Frischkäse-Zitronen-Minze-Dip 123, 139

G

Gebratener Sellerie 65
Grüne Pestobohnen 86
Grüne „Polenta“ 124

K

Kräuter-Tomaten-Mascarpone-Sauce 103

L

Lauchgemüse 96, 97, 101, 106, 109, 113, 137

M

Mandel-Parmesan-Klößchen 83, 88, 136

O

Oliven-Sellerie-Stampf 64, 85, 91, 109, 110, 113, 125

P

Petersilienwurzelpüree 66, 75, 76, 79, 92, 101, 102, 110, 117, 125, 145
Pfannenspargel 63, 74, 91, 137

S

Safran-Kohlrabi-„Reis“ 67, 80, 92, 98, 102, 107
Safran-Peperonata 63, 64, 100
Sahne-Sauerkraut mit Speckwürfeln 115
Selleriepüree 67, 68, 76, 80, 97, 99
Semmelknödel 80, 81, 88
Senf-Schmorgurken 109, 112
Spätzle 132, 144, 145

T

Thymian-Mandel-„Polenta“ 69, 98, 110
Thymian-Pfeffer-Butter 63, 90
Tomatengemüse à la Pizzaiola 111
Topinambur-„Bratkartoffeln“ 76, 77, 80, 84, 87, 91, 117, 145

Z

Zucchini-Avocado-Gemüse 62, 64, 75, 79, 88, 110, 137

DANK

Es ist gar nicht einfach für einen Verlag, Autoren zu finden, die für ihr Thema brennen. Wenn diese dann noch imstande sind, zu einem im Markt bereits etablierten Thema wirklich neue, spannende und relevante Facetten zu entwickeln, kann man wohl von sehr viel Glück sprechen.
Für die Autorin Bettina Matthaei, der das ohne Frage zum Thema „Low Carb High Fat" geglückt ist, hat es nachvollziehbar sehr viel Aufwand bedeutet, gleich eine ganze Reihe von kohlenhydratreichen Lieblingsspeisen in eine leckere Low-Carb-Version zu bringen. So gibt es jetzt dank Bettina Matthaei nicht nur viele neue überraschende Brot- und Brötchenrezepte, sondern auch für Gnocchi, Pizza, Spätzle und Pürees. Aber damit nicht genug: Mit ihrer Idee, alle Beilagen auch als Baukasten zu nutzen und einzeln zu berechnen, hat sie dem Buch noch mal einen entscheidenden Vorteil gegeben. Für diesen hohen persönlichen Einsatz können wir Bettina Matthaei nur danken.
Darüber hinaus danken wir dem Fotografen Oliver Brachat für die tollen Foodfotos, Andreas Neubauer für das gelungene Foodstyling, Dorothea Steinbacher für das Fachlektorat, Doreen Köstler für das Lektorat sowie unseren Mitarbeiterinnen Anne Krause für die grafische Gestaltung und die Übersichtlichkeit des Buches, Ellen Schlüter für die Bildbearbeitung, Philine Anastasopoulos für den praktischen Einkaufslisten- und Mengenrechner auf der Website und last, but not least Johanna Hänichen für die Projektleitung.
Auch allen anderen Beteiligten in der PR, im Marketing, im Vertrieb und in der Projektkoordination, die hier nicht namentlich genannt sind, sagen wir herzlichen Dank für den Einsatz bei diesem ehrgeizigen Projekt.

IMPRESSUM

Originalausgabe
Becker Joest Volk Verlag GmbH & Co. KG
Bahnhofsallee 5, 40721 Hilden

1. Auflage November 2016

ISBN 978-3-95453-112-7

Rezepte und Texte: Bettina Matthaei
Foodfotografie: Oliver Brachat
Foodstyling: Andreas Neubauer
Projektleitung: Johanna Hänichen
Typografische Konzeption, Layout, Satz:
Dipl.-Des. Anne Krause
Bildbearbeitung: Ellen Schlüter und Makro Chroma
Joest & Volk OHG, Werbeagentur
Fachlektorat Rezepte: Dorothea Steinbacher
Lektorat: Doreen Köstler
Druck: Firmengruppe Appl, aprinta druck GmbH

BECKER
JOEST
VOLK
VERLAG
www.bjvv.de

TIPPS FÜR BÜCHER ...

Echt fett – Iss Dich satt und nimm ab *von Andreas Eenfeldt; Ennsthaler Verlag*

Mehr Fett! *von Ulrike Gonder; Systemed Verlag*

Die bittere Wahrheit über Zucker *von Dr. H. Lustig; Riva Verlag*

... WEBSITES

www.lchf.de
www.lchf-deutschland.de
www.lchfblog.de
www.suddas.blogspot.de

... ONLINE-SHOPS

www.l-carb-shop.de
www.lcw-shop.de
www.pureraw.de